イッキに攻略！

公務員試験
一般知識

一問一答

公務員試験予備校EYE 編著

JN013946

高橋書店

はじめに

　本書は、合格点に到達するための基礎知識を効率よく身につけ、一問一答で理解度を確認できるテキスト＆問題集です。

　公務員試験の教養試験は、「一般知能」と呼ばれる分野と、「一般知識」と呼ばれる分野で構成されます。本書はそのうちの一般知識（社会科学、人文科学、自然科学）に特化しています。

　一般知識分野は、その多くが高校までに履修する内容にもかかわらず、試験範囲が広く、多くの受験生が対策に苦労しています。しかも、各科目は数問ずつしか出題されません（試験によっては、出題されない科目もあります）。攻略するには、出題傾向を把握し、よく出るテーマを中心に学習するのがセオリーです。科目ごとに、学習頻度、1回あたりの時間、問題数といった学習プランを立てることが重要になります。

　そこで本書は、公務員試験予備校EYEで長年にわたって指導に携わり、本試験の出題傾向を知り尽くした講師陣が、テーマの選定と執筆を担当しました。

　公務員試験の7割程度は過去問の類似問題が出されます。よく出るテーマや用語を集中的かつ優先的に勉強することによって、その効果が十二分に発揮できます。

　この本を利用された皆様が、勉強を最後までやり遂げて公務員試験合格を勝ち取れることを、心よりお祈りしております。応援しています。

公務員試験予備校EYE

本書の特長と使い方

　本書は、左ページでポイントを押さえたあと、右ページの一問一答で理解を深める2段階構成です。見開き完結なので、問題を解きながら、すぐに解説を確認できます。コンパクトでありながら、覚えるべきポイントが網羅されており、またコンパクトであるがゆえに反復学習が可能となり、効率よく知識の定着が図れます。

頻出度マーク

最新の出題傾向を徹底分析し、頻出度を☆で3段階表示。☆の数で出やすいテーマがわかるので、短期間で効率よく学習できます。

学習ポイント

各テーマの冒頭に学習のポイントを箇条書きで示しました。ポイントを意識しながら下の要点チェックに目を通しましょう。

★★
01 黎明〜飛鳥・奈良時代

1 古墳の巨大化は大和政権の確立を象徴する。
2 飛鳥時代から、大王中心の中央集権が試みられた。
3 奈良時代に仏教を中心とする律令国家が成立した。

1 古墳の造営は4世紀以後に進み、5世紀には巨大な古墳が出現した。最大規模の仁徳天皇陵は大和政権の成立を象徴する。大和政権は屯倉を経済的基盤として朝鮮半島に進出するが、6世紀に新羅に攻撃されて、拠点である任那を喪失した。
2 推古天皇の下で、聖徳太子（厩戸王）が摂政として中央集権を促進する。蘇我氏は乙巳の変で打倒され、律令国家の形成が進んだ（大化の改新）。701年には大宝律令が制定された。
3 公地公民制が施行され、班田収授法（口分田を6歳以上の男女に支給）に立脚した租庸調により財源を確保。政治では太政官の下に、八省一台が設置され、地方制度も整備された。

●主要な天皇の事績

推古天皇	聖徳太子が十七条憲法を制定し、遣隋使を派遣。
天智天皇	近江令（日本最初の令）と庚午年籍（日本最初の戸籍）の整備。
天武天皇	八色の姓制定。薬師寺の建立。飛鳥浄御原令の編纂。
持統天皇	藤原京を建設し、飛鳥浄御原令を施行。
聖武天皇	墾田永年私財法により初期荘園成立。東北に多賀城を建設し、国分寺や東大寺大仏を造立。

●対外紛争と国内の抗争

磐井の乱	新羅と連合した筑紫の国造磐井の反乱。
蘇我氏の台頭	崇仏派の蘇我氏は排仏派の物部氏を打倒。
白村江の戦い	663年に日本・旧百済連合軍が唐・新羅連合軍に敗北。
奈良時代の抗争	藤原四子が長屋王を打倒。のち、道鏡が藤原仲麻呂を倒し、孝謙太上天皇の下で実権を掌握。

次の文の正誤を○×で答えなさい。

1 筑紫国造磐井は百済と結んで九州で反乱を
起こし、大和政権の朝鮮への派兵を阻止した。

×
百済➡新羅

2 飛鳥時代の初期に、排仏派の蘇我氏が崇仏
派の物部氏を打倒し政権を掌握した。

×
崇仏派と排仏派が逆。

3 推古天皇の時代に、摂政の聖徳太子は遣唐
使を派遣した。

×
遣唐使➡遣隋使

4 645年の乙巳の変により蘇我氏が打倒さ
れ、律令国家の建設期に入った。

○

5 天武天皇の時代に、従来の氏姓制度を改め
るため、冠位十二階の制が施行された。

×
冠位十二階の制➡八
色の姓

6 律令国家では太政官の下に八省一台が置か
れたが、地方制度の整備は進まなかった。

×
地方制度は整備され
た。

7 班田収受法は6歳以上の男女に土地を支給
するもので、財源の確保が目的であった。

○

8 663年の白村江の戦いでは、唐・新羅の
連合軍に日本・旧百済の連合軍が敗北した。

○

9 天武天皇が制定した庚午年籍は日本で最初
の戸籍である。

×
天武天皇➡天智天皇

10 墾田永年私財法により私有地が拡大したの
は、嵯峨天皇の時代である。

×
嵯峨天皇➡聖武天皇

11 道鏡は藤原仲麻呂を敗死させ、孝謙太上天
皇の下で実権を握った。

○

81

一問一答
○×、穴埋め、誤
文訂正など、各テ
ーマに適した出題
形式になっていま
す。左ページの要
点チェックに載っ
ていない発展的な
問題も含まれてい
ます。

要点チェック
文章でわかりにく
い内容は、イラス
トや図解などを効
果的に使っていま
す。

目次

はじめに

本書の特長

第1章 社会科学

●政治

●経済

第2章 人文科学

第3章 自然科学

執筆講師陣

法島早人
紺野健壱
福嶋　聡
坂本暁彦
鹿又賢司
横山美浩
斎藤　昂

編集協力

株式会社 エディポック
TKM合同会社

本文デザイン

大山真葵、神山章乃
（ごぼうデザイン事務所）

第1章

★

社会科学

政治

経済

01 法の種類

> 1 法には成文法と不文法とがある。
> 2 憲法は最高法規で、法律の上位に位置する。
> 3 慣習法は不文法の1つで、成文法を補充する効力がある。

1 **成文法**とは、法の内容が文書（条文）の形式によって書き表されている法をいう。成文法の種類には、**憲法、条約、法律、命令、条例**がある。**不文法**とは、成文法でない法、すなわち法の内容が文書（条文）の形式によって書き表されていない法をいう。不文法の種類には、**慣習法、判例法、条理**がある。

2 **憲法**は、国の「**最高法規**」で国家の基本法である。憲法の規定に反する、矛盾する法律や命令などは**無効**である。

3 **慣習法**とは、①人々の間で長年にわたり行われてきた慣習が存在し、②その慣習が法的確信を得て、法として承認されるに至ったものをいう。

● 成文法の種類

種類	制定機関	内容
憲法	国民	基本的人権と統治機構からなる国家の根本法
法律	国会	国民の代表である国会が制定した法
命令	行政機関	法律を実施するために行政機関が定めるもの。内閣が定める「政令」は、他の命令より効力が強い
条例	地方議会	「法律の範囲内」で定めることができる。当該地方公共団体の住民の権利・義務を規定

次の文の正誤を○×で答えなさい。

1 法律を制定することができるのは、国会のみである。

○

2 条約と憲法の関係については国際協調の基本原則を掲げている憲法の趣旨から、条約が憲法よりも優位に立つとするのが通説である。

×
憲法は最高法規である（98条1項）。

3 慣習法には、成文法のない部分についての補充的効力がある。

○

4 判例法は、不文法主義の国においては存在の余地はない。

×
不文法主義の国こそ存在意義がある。

5 過去において憲法違反と判断された法律は存在しない。

×
尊属殺重罰規定などいくつか存在する。

6 成文法以外を不文法といい、成文法と比較して内容が硬化し、社会事情の変遷に遅れるという性格がある。

×
成文法の方が社会事情の変遷に遅れやすい。

7 不文法には慣習法、判例法、条理があるが、成文法主義の国においては、法源として認められていない。

×
成文法主義の国でも法源として認められている。

8 命令とは行政機関が制定する法をいい、条例とは地方公共団体の議会が制定する法をいう。

○

9 条例は、その地方公共団体のみに適用される法であり、法律の範囲内で制定される。

○

02 法の解釈

★★

---

1 **法の解釈は、「文理解釈」と「論理解釈」に分けられる。**
2 **論理解釈は、法の目的などを考慮しながら行う法解釈である。**
3 **刑法では行為者に不利な類推解釈は禁止される。**

---

1 **法の解釈**とは、法の目的に適合するようにその意味内容を明らかにすることをいう。法律条文と構成している文字や字句に従って法を解釈することを「**文理解釈**」という。

2 **論理解釈**によると、「白線の内側に下がって下さい」という法文があった場合、「白線の内側」とは、線路寄りの内側、それともホーム寄りの内側かが問題となるが、法文の趣旨（目的）は、「電車が来ると危ない」。よって、「白線の内側」とは、ホームより内側のこと、と解釈する。

3 **論理解釈**は、**拡張解釈、縮小解釈、反対解釈、類推解釈、勿論解釈**に分類される。刑法では行為者に不利な**類推解釈は禁止**される。

● 論理解釈の分類

分類	意味	例
拡張解釈	法の文言を通常の意味よりも広く解釈する方法	「車馬」の中にはロバやラバも含むと解釈する。
縮小解釈	法の文言を通常の意味よりも狭く解釈する方法	「車馬」の中には、乳母車は含まないと解釈する。
反対解釈	規定されている事項の反面から、規定されていない事項を肯定して解釈する方法	「車馬の通行を禁ずる」という規定の反面から、人は通行しても良いと解釈する。
類推解釈	類似した2つの事柄のうち一方についてだけ規定がある場合に、その規定と同じ趣旨の規定があるものと考えて解釈する方法	「車馬の通行を禁ずる」という場合に、馬の通行が禁じられているなら、鹿の通行も禁じられているだろうと解釈する。
勿論解釈	ある事実に関する法の規定について、その趣旨・目的から法の規定がない他の事実に関して、条理から当然にその規定を適用すべきとする方法	「車馬の通行を禁ずる」のだから、虎やライオンの通行はもちろん許されないと解釈する。

次の文の正誤を○×で答えなさい。

1 「車馬の通行を禁ずる」という法規がある場合、馬の中にはロバやラバも入ると解するのが類推解釈である。

×
類推➡拡張

2 「車馬の通行を禁ずる」という法規がある場合、車の中には乳母車は入らないと解するのが勿論解釈である。

×
勿論➡縮小

3 「車馬の通行を禁ずる」という法規がある場合、その反面から人は通行してよいと考えるのが、反対解釈である。

○

4 「車馬の通行を禁ずる」という法規がある場合、馬の通行を禁じるくらいだから、虎やライオンの通行も許されないとするのが拡張解釈である。

×
拡張➡勿論

5 「車馬の通行を禁ずる」という法規がある場合、馬の通行を禁ずるとの類似の理由から、鹿の通行も禁じられていると解するのが、縮小解釈である。

×
縮小➡類推

6 刑罰法規において、拡張解釈は許されない。

×
拡張➡類推

7 反対解釈は「その規定に挙げられていないものは、それとは反対の扱いを受ける」と解釈することをいう。

○

8 法の解釈とは、法の目的に適合するようにその意味内容を明らかにすることをいう。

○

03 主要な法の基本原理

> 1 日本国憲法の三大原理は、国民主権（主権在民）、基本的人権の尊重、平和主義である。
> 2 罪刑法定主義は、刑法の大原則である。
> 3 民法の三大原理は、私的自治の原則、権利能力平等の原則、所有権絶対の原則である。

1 憲法改正には、衆参両院で総議員の3分の2以上の賛成を得てこれを発議し、国民投票で過半数の賛成を得ることが必要とされている。日本国憲法の三大原理である**国民主権**（主権在民）、**基本的人権の尊重**、**平和主義**については**改正することはできない**と解されている（通説）。この3つは日本国憲法の柱だからである。

2 罪刑法定主義とは、「犯罪」とこれに関する「刑罰」は、あらかじめ議会（国会）が制定する「法律」で定めなければならないとする原理をいう。たとえば、人を殺したら殺人罪（刑法199条）という「犯罪」が成立し、死刑または無期もしくは5年以上の懲役という「刑罰」が科されることが、刑法という「法律」（国会が制定する法）に規定されている。

3 私的自治の原則とは、私法上の法律関係については、個人が自由意思に基づき、自律的に形成することができることをいう（例・契約自由の原則）。民法の大原則である。もっとも、私的自治の原則など民法の三大原理は、近年修正されている。

● 私的自治の原則

次の文の正誤を○×で答えなさい。

1 日本国憲法の三大原理は、主権の不可侵、基本的人権の尊重、平和主義である。

×
主権の不可侵➡国民主権（主権在民）

2 罪刑法定主義とは、犯罪とこれに関する刑罰は、あらかじめ法律で定めなければならないとする原理をいう。

○

3 刑罰法規を遡及して適用することは、憲法の定めた基本的人権の保障に反するので認められない。

○
罪刑法定主義からも認められない。

4 日本国憲法の改正は、両議院で出席議員の3分の2以上の賛成で国会がこれを発議し、国民投票において過半数の賛成を必要とする。

×
出席議員➡総議員

5 日本国憲法の改正は、改正の要件を備えればどのような内容でも改正できるとする点に争いはない。

×
日本国憲法の三大原理は改正できない（通説）。

6 民法の三大原理は、現在においても絶対である。

×
社会政策的見地から、修正されている。

7 私法上の法律関係については、個人が自由意思に基づき自律的に形成することができるという原則を「私的自治の原則」という。

○

8 私的自治の原則の一内容である契約自由の原則については、例外はない。

×
公序良俗に反するものは許されない（民法90条）。

9 契約は申し込みと承諾の一致で成立する。

○

社会科学

人文科学

自然科学

政治

19

04 人権の種類

> 1 基本的人権とは、人間が人間として当然もっている基本的な権利であり、日本国憲法で保障されている。
> 2 自由権とは、国家の干渉の排除を求める権利をいう。
> 3 社会権とは、国民が国家に対して、諸条件の確保を国に求める権利をいう。

1 日本国憲法は、10〜40条で基本的人権について規定している。基本的人権は憲法上認められた権利なので、原則として国家に対して主張することができる。

2 自由権とは、国家の干渉の排除を求める権利をいう。自由権は精神的自由権（思想及び良心の自由・信教の自由・表現の自由・学問の自由など）、経済的自由権（居住移転の自由・職業選択の自由・財産権など）、身体的自由権に分類される。

3 社会権とは、20世紀に登場した新しい権利で国民が国家に対して、諸条件の確保を国に求める権利をいう。生存権、教育を受ける権利、労働基本権などが挙げられる。

● 日本国憲法の構成

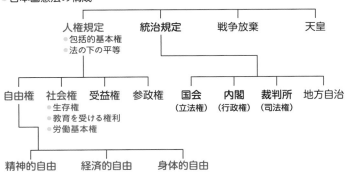

次の文の正誤を○×で答えなさい。

1 憲法の人権保障規定は国または公共団体と個人との関係を規律するのみならず、私人相互間の関係についても当然に適用される。

×
私人間については民法などの私法が適用されるのが原則。

2 明治憲法で保障されていた権利は、主として自由権に属するものであり、社会権に属するものは含まれていなかった。

○
社会権は20世紀に初めて登場した権利である。

3 基本的人権は侵すことのできない永久の権利であり、たとえ公共の福祉を理由とするものであっても、制約を受けない。

×
人権は絶対無制約ではなく、一定の制限がある。

4 外国人は、日本国憲法の定める基本的人権の享有主体ではない。

×
外国人も可能な限り、人権保障は及ぶ。

5 参政権は外国人には保障されない。

○
国民主権の見地から保障されない。

6 自由権の保障は、国家権力の消極的な不干渉（国家が干渉しないということ）によって実現されるものである。

○

7 基本的人権は、自然人について認められるものであるから、法人は日本国憲法の定める基本的人権の享有主体ではない。

×
法人にも性質上可能なものは保障される。

8 労働基本権は、団結権、団体交渉権、団体行動権（争議権）の三権からなるが、民間企業の職員だけではなく、公務員も三権すべてが保障されている。

×
公務員は争議権が保障されない。警察・消防等の職員は三権すべて保障されない。

政治

05 人権総論

★★★

---

1. 個人と個人（私人間）の関係については、原則として憲法の人権規定は直接的には適用されない。
2. 環境権、プライバシー権、知る権利など「新しい人権」が登場した。
3. 法の下の平等の「平等」とは、法内容の平等をさす。また合理的な区別は許される。

---

1. 憲法は対国家規範（公法）である。しかし、判例は、私人間の関係についても、憲法の人権規定を「間接的に」適用する考え方（間接適用説）を認めている。

2. 時代の変化・社会の変革に伴い、新たに人権として保障する必要があると考えられる権利が登場した。これらの権利を「新しい人権」という。新しい人権は、憲法13条の幸福追求権を根拠とするのが一般的である。

3. 法の下の平等について判例は、法適用の平等のみならず法内容の平等までを要請している。また、一切の差別を許さない絶対的平等ではなく、合理的な差別は許す相対的平等である。なお、禁止される差別は憲法14条に列挙された事項に限定されない（例示列挙説）。

● 間接適用説のイメージ

憲法14条1項 ※間接的に適用

······ 憲法14条1項（法の下の平等）の趣旨を取り込んで解釈

民法90条（公序良俗） ← 女性を差別する労働契約は民法90条違反で無効

企業（私人） ← 私法 → 女性労働者（私人）

民法90条 （公序良俗）	「公の秩序又は善良の風俗に反する事項を目的とする法律行為は、無効とする。」

次の文の正誤を○×で答えなさい。

1 幸福追求権から導き出される人権として、最高裁判所の判例が認めたものにはプライバシー権が挙げられる。

○

2 環境権について、最高裁は新しい人権として認めてはいない。

○
新しい人権は憲法に明記されておらず、環境権を認めた最高裁判例もない。

3 幸福追求権は、個人の人格的生存に不可欠な利益を内容とする権利に限らず、服装の自由などをも含む広く一般的行為の自由を保障する権利であると解するのが通説である。

×
人格的生存に不可欠な権利に限定するのが通説である。

4 幸福追求権は新しい人権の根拠規定とされる。

○

5 私人間について、憲法の人権規定が適用されることはない。

×
憲法の人権規定を間接的に適用する場合がある。

6 憲法14条にいう「法の下に平等」とは、法を執行し適用する行政権・司法権が国民を差別してはならないという法適用の平等のみを定めたものであるとするのが判例である。

×
法内容の平等も定めたものと解するのが判例である。

7 憲法14条にいう「人種、信条、性別、社会的身分又は門地により差別されない」とは、ここに列挙された理由に基づく差別はいかなる場合でも許されないとの趣旨である。

×
合理的な差別（相対的平等）を認める立場に立つのが判例である。

8 日本国憲法は、14条1項で人種・信条・性別・社会的身分または門地による差別のみを禁止している。

×
14条1項は例示列挙に過ぎない。これ以外も不合理な差別は禁止される。

23

06 精神的自由権

> 1 精神的自由権は、思想・良心の自由・信教の自由・表現の
>   自由・学問の自由に分類される。
> 2 日本国憲法は第20条で、信教の自由だけではなく、政教
>   分離原則も定めている。
> 3 日本国憲法は、第21条1項で表現の自由を保障し、2項で
>   検閲の禁止も規定している。

1 **思想・良心の自由**（19条）は、公共の福祉による制約を受けない絶対無制約の権利である。**学問の自由**（23条）は、大学の自治を制度として保障している。

2 **政教分離原則**について、判例は国家と宗教のある程度の関わり合いを認めている。関わり合いが相当とされる限度を超えているか否かについて、判例は「**目的効果基準**」という手法を用いて、津地鎮祭訴訟では合憲、愛媛県靖国神社玉串料訴訟では違憲と判断している。

3 **表現の自由**には、知る権利や報道の自由も含まれる。**検閲**とは、行政権が表現物を対象に、発表の禁止を目的として、網羅的一般的に、発表前にその内容を審査した上、不適切と認めるものの発表を禁止することをいい、絶対的に禁止される（判例）。

● 検閲と事前抑制の比較

検閲	事前抑制
行政権、表現物発表前、発表禁止、絶対禁止（例外なし）	公権力（立法権・司法権も含む）、表現行為、原則禁止・例外許容

次の文の正誤を○×で答えなさい。

1 思想・良心の自由は、民主主義を否定する思想であっても、その思想が内心にとどまる限り、制限することは許されない。

○

2 政教分離原則は、国家が宗教とのかかわり合いを持つことをまったく許さないとするものではない。

○

3 最高裁判所は、地鎮祭を挙行し、公金を支出したことは、政教分離の原則に反する宗教的活動にあたると判示した。

×
判例は宗教的活動にあたらないとしている。

4 県知事が神社の参拝の際に公費から玉串料を奉納することは憲法20条3項及び89条に違反しないとするのが判例である。

×
判例は宗教的活動にあたるとしている。

5 検閲は表現の自由を制限するものであるため、日本国憲法は一部の例外を除き、原則としてこれを禁止している。

×
判例の見解によれば、検閲は絶対禁止である。

6 「検閲」とは、公権力一般によるものと解すべきであるから、出版物の事前差止めは裁判所の仮処分によるものでも許されない。

×
検閲は行政権が行うものである（判例）。

7 報道機関の報道は、表現の自由を規定した憲法21条により保障される。

○

8 高校等の普通教育においては、教師に教授の自由が認められる余地はないとするのが判例である。

×
一定の範囲で教授の自由が認められる。

07 経済的／身体的自由権

1 経済的自由権は、職業選択の自由（営業の自由）、居住移転の自由、財産権などに分類される。
2 財産権は、個人の財産権だけではなく、私有財産制も保障している。
3 日本国憲法は、第31条で適正手続の保障を規定している。

1 **職業選択の自由**には、選択した職業を遂行する営業の自由も含まれる。営業の自由の規制は、国民の生命・健康に対する危険を防止することを目的とする**消極目的規制**と、社会的経済的弱者の保護などを目的とする**積極目的規制**に分類される。

2 **私有財産**を公共のために利用する場合には、正当な補償が必要である。正当な補償には完全補償説と相当補償説とがあり、農地改革事件において判例は**相当補償説**の立場である。

3 逮捕・捜索・押収をするためには、司法官憲（裁判官）が発する令状が必要である。これは憲法の**「適正手続の保障」**に基づく。もっとも、逮捕については現行犯逮捕の場合と緊急逮捕の場合には令状がなくてもできる。

●職業選択の自由に関する判例

旧薬事法の薬局の距離制限規定	営業の自由の規制（制約）にあたる

消極目的規制
不良医薬品の供給または医薬品乱用の助長による国民の生命・健康に対する危険の防止

適正配置規制（距離制限）は「厳格な合理性の基準」により違憲無効

小売商業調整特別措置法の小売市場の距離制限規定	営業の自由の規制（制約）にあたる

積極目的規制
社会経済の調和的発展を企図するという観点からの中小企業保護政策

適正配置規制（距離制限）は、「明白性の原則」により合憲

次の文の正誤を○×で答えなさい。

1 薬局開設について適正配置規制を設けることは、消極的・警察的目的のための規制措置であり、規制内容も合理的な範囲内にあると認められ、合憲である。

× 薬局の距離制限規定は消極目的規制にあたるが、違憲とされた。

2 小売市場開設の規制は、小売商を保護するためにとられた積極的な社会経済政策的措置であり、憲法に違反しない。

○ 小売市場の距離制限規定は積極目的規制にあたる。

3 憲法22条1項が規定する職業選択の自由は、職業を選択するだけではなく、選択した職業を遂行する営業の自由も含まれる。

○

4 憲法29条1項は、個人の財産上の権利の保障を規定するもので、私有財産制度自体を保障するものではない。

× 個人の財産権だけではなく、私有財産制度も保障している。

5 条例によって財産権を規制することは許されないとするのが判例である。

× 条例によって財産権を制約することも許される。

6 農地改革の際に財産権を公共の用に供する場合の正当な補償とは、完全な補償を要するとするのが判例である。

× 判例では、正当な補償とは、合理的に算出された相当な額をいうとしている。

7 逮捕をする場合には、必ず裁判官の令状が必要である。

× 現行犯逮捕の場合と緊急逮捕の場合は不要である。

8 日本国憲法は、刑事手続きについて多くの規定を設けているが、取り調べの際の黙秘権は明記していない。

× 憲法38条1項に明記されている。

08 社会権・その他の人権

★★

1. 社会権は、生存権、教育を受ける権利、労働基本権などに分類される。
2. 生存権の法的性格については、プログラム規定説や抽象的権利説といった学説がある。
3. 受益権とは、国民が国家に対して国民の利益となる一定の行為を要求できる権利をいう。

1. 社会権は、国民が国家に対して一定の行為を要求する権利をいう。その中の労働基本権は、団結権、団体交渉権、団体行動権（争議権）の3つからなる。正当な争議行為は、民事責任と刑事責任が免除される。公務員は団体行動権（争議権）が保障されない。

2. 生存権の法的性格

学説	内容	法規範性
プログラム規定説	25条は、国民の最低限度の生活を実現するための政治的義務・努力目標を定めたにすぎない。	×
抽象的権利説（通説）	25条は、法的権利を保障した規定であるが、生活保護法など生存権を具体化した法律が定められてはじめて具体的な権利となる。	○
判例（朝日訴訟）	25条1項は、すべての国民が健康で文化的な最低限度の生活を営みうるように国政を運営すべきことを国の責務として宣言したにとどまり、直接個々の国民に対して具体的権利を賦与したものではない。原則として司法審査の対象とはならないが、裁量権の限界を超え、または裁量権を濫用した場合には、司法審査の対象となる。	○

3. 受益権の1つである請願権（16条）は、平穏な請願であれば何人でも認められ、また請願内容にも制限はない。請願を受けた機関は請願を誠実に処理する義務を負うが、請願内容通りの処置をとるべき義務を負わない。

次の文の正誤を○×で答えなさい。

1 抽象的権利説とは、国に政治的・道義的義務を課したにとどまるとするものである。

× 設問はプログラム規定説に関する内容である。

2 生存権の規定は、直接個々の国民に対して具体的権利を賦与したものであるとするのが判例である。

× 判例はこのようにはいっていない。

3 抽象的権利説とは、生存権を具体化した法律が定められてはじめて具体的な権利となるとするものである。

○ 抽象的権利説が通説である。

4 子どもは、教育を自己に施すことを大人一般に対して要求する権利を有する。

○

5 法律で国公立学校の義務教育課程で授業料を徴収する措置をとることはできる。

× 憲法26条2項で義務教育の無償を規定している。

6 憲法28条の規定は、国及び地方公共団体に対して勤労者の労働基本権を尊重すべき義務を課したものであり、使用者に対してそのような義務を課したものではない。

× 労働基本権の保障は労働者を使用者と対等の立場に立たせるものである。

7 正当な争議行為については、刑事上の責任を負うことはないが、民事上の責任が免除されることはない。

× 正当な争議行為は、民事責任も免除される。

8 外国人や未成年者は請願権を有しない。また、請願の内容は法的拘束力を生じない。

× 外国人や未成年者も保障される。

09 統治制度（各機関の権能）

1 日本国憲法は、国家が基本的人権を不当に侵害しないよう、国家権力を三権に分けて制限している（三権分立）。
2 三権のうち、立法権は国会に、行政権は内閣に、司法権は裁判所に属している。
3 大日本帝国憲法（明治憲法）と異なり、日本国憲法は、地方自治について明記している。

2 国会の権能は、法律の制定、予算の議決（衆議院に先議権あり）、条約の承認、内閣総理大臣の指名などが挙げられる。また、両議院の権能として国政調査権と議院の自律権がある。
内閣の権能は、予算の作成・提出、条約の締結、政令の制定、天皇の国事行為の助言と承認、参議院の緊急集会の請求などが挙げられる。内閣の首長である内閣総理大臣は、国務大臣の任免（単独でできる）、国務大臣の訴追などの権能を有している。
裁判所の権能は、違憲立法審査権、最高裁判所の裁判所規則の制定権などが挙げられる。司法権はすべて最高裁判所及び下級裁判所に属する。違憲立法審査権は、下級裁判所も有する。

● 国家の作用（権力分立）

③行政権（内閣）
例：法律の執行

① 立法権（国会）
例：法律の制定

② 司法権（裁判所）
例：裁判作用

● 地方自治の本旨

住民自治

地方自治は、その地域の「住民」の意思に基づいて行われるという民主主義的要素をいう。

団体自治

地方の自治は、国から独立した地方公共団体に委ねられ、「地方公共団体」自らの意思と責任の下でなされるという自由主義的・地方分権的要素をいう。

次の文の正誤を○×で答えなさい。

1 日本国憲法が国家の権限を三権に分けているのは、国家の統治を効率的に行うためである。

× 三権分立の目的は、国家権力を制限することにある。

2 明治憲法には、地方自治に関する規定は存在せず、地方制度は、中央が地方に対して優位する集権的なシステムがとられていた。

○

3 予算は、内閣と衆議院議員が作成し、提出する。

× 予算を作成できるのは内閣だけである。

4 国政調査権の行使の方法として、証人の出頭及び証言・記録の提出を求めることはできるが、逮捕・捜索・押収はできない。

○

5 国政調査権の対象は国政全般に及ぶが、対司法権（裁判所）については司法権の独立の観点から制約がある。

○ 裁判内容、判決の調査はできない。

6 内閣総理大臣は、国務大臣を罷免する場合、国務大臣全員の賛同を得なければならない。

× 内閣総理大臣は単独で国務大臣を任免できる。

7 違憲立法審査権は最高裁判所のみが有している。

× 下級裁判所も有している。

8 地方自治の本旨における住民自治とは、地方自治は国から独立した地方公共団体に委ねられることをいう。

× 団体自治に関する記述である。

9 地方公共団体の長、その議会の議員などは住民が直接これを選挙する。

○

10 国会（立法権）

1 衆議院が解散されると、参議院は同時に閉会する。
2 衆議院にしか認められない権限や、衆議院の議決が優越するものが存在する。
3 国会議員は、不逮捕特権、免責特権、歳費受領権といった特権を有している。

1 衆議院の解散中に緊急の必要が生じた場合には、内閣は参議院の**緊急集会**を求められる。緊急集会でとられた措置は、次の国会開会後10日以内に衆議院の同意がなければ「**将来に向かって」無効**となる。

2 衆議院の優越

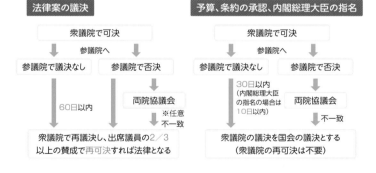

3 **不逮捕特権**は、国会の「会期中」は逮捕されないものである。「院外」における現行犯と所属議院の許諾があるときは会期中でも逮捕できる。**免責特権**は、議院で行った演説などについて「院外」で責任を問われないとするもので、民事責任や刑事責任を負わない。

次の文の正誤を○×で答えなさい。

1 衆議院議員の任期満了による選挙期間内に緊急の必要があるときは、内閣は参議院の緊急集会を求められる。

×
参議院の緊急集会は衆議院が解散により存在しない場合に開催できる。

2 参議院の緊急集会でとられた措置は、次の国会で衆議院の同意が得られない場合には、遡求して失効する。

×
将来に向かって失効する。

3 法律案について、衆議院と参議院で異なった議決をした場合には、衆議院は両議院の協議会を開くことを求めなければならない。

×
法律案について両院協議会の開催は任意である。

4 予算について、参議院で衆議院と異なった議決をした場合、両議院の協議会を開いても意見が一致しないときは、衆議院の議決が国会の議決となる。

○
法律案と異なり、衆議院の再可決は不要である。

5 衆議院及び参議院はそれぞれ内閣の不信任決議ができる。

×
内閣不信任決議権は衆議院のみに認められている。

6 国会の両議院の議員は、議院で行った演説、討論または表決について、院外で責任を問われない。

○

7 国会議員は国会の会期中・会期外を問わず、逮捕されることはない。

×
国会の会期中には逮捕されない。

8 国会議員の免責特権の保障は刑事上の責任のほか、民事上の責任についても及ぶ。

○

★★
11 内閣（行政権）

> 1 内閣は、内閣総理大臣と国務大臣によって構成され、閣議での合意によって職務を行い、行政権を行使する。
> 2 内閣総理大臣は内閣の首長で、国会議員の中から国会の議決で指名される。
> 3 内閣不信任決議案が成立し、10日以内に衆議院を解散しない場合、内閣は総辞職しなければならない。

1 内閣は行政事務を行使するために、内閣官房など内閣直属の機関を置くことができる。国務大臣は17人以内で過半数が国会議員であればよい。国務大臣は内閣官房長官や各省の大臣（財務省なら財務大臣）、国家公安委員会委員長、内閣府特命担当大臣といったポストを分担する。行政事務を分担管理しない無任所大臣を置くことも認められている。閣議は全会一致で非公開である。

3 衆議院で内閣不信任決議案が可決、または信任の決議案が否決された場合、内閣は、①ただちに内閣を総辞職するか、または、②10日以内に衆議院を解散するかの選択を迫られる。

● 内閣の組織

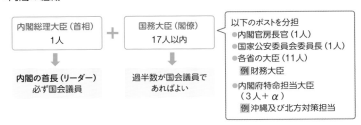

次の文の正誤を○×で答えなさい。

1 内閣は、条約の承認を行う。

× 条約の、締結を行うのは内閣だが、承認は国会が行う。

2 内閣は、最高裁判所の長官を任命する。

× 任命ではなく指名である。任命は天皇が行う。

3 内閣総理大臣は衆議院議員から選ばれる。

× 国会議員から選ばれる。

4 閣議の議決は多数決による。

× 全会一致である。

5 内閣総理大臣は国務大臣を任命するが、その3分の2以上は国会議員の中から選ばなくてはならない。

× 過半数が国会議員であればよい。

6 国務大臣は主任の大臣として行政事務を分担管理するが、行政事務を分担管理しない大臣を置くことはできない。

× 無任所大臣を置くことが可能。

7 衆議院及び参議院はそれぞれ内閣の不信任決議ができる。

× 内閣不信任決議権を有するのは衆議院のみである。

8 内閣不信任決議案が可決された場合、内閣はただちに総辞職しなければならない。

× 10日以内に衆議院を解散すれば、総辞職する必要はない。

9 内閣総理大臣が死亡した場合、あらかじめ指名された副総理大臣が新しい総理大臣として職務を引き継ぐ。

× 内閣総理大臣が死亡した場合、内閣は総辞職する。

10 国会で成立した法律は、主任の国務大臣が署名し内閣総理大臣が連署する。主任の国務大臣、内閣総理大臣は署名、連署を拒否できない。

○

35

12 裁判所（司法権）

1 裁判所は違憲立法審査権を有する。
2 裁判所は原則として「法律上の争訟」のみを裁判する。
3 司法権の独立を確保するため、憲法は裁判官の職務権限の
　独立を保障している。

1 違憲判決の効力について、違憲とされた法令は当然失効する**一般的効力説**と、その事件においてのみ無効とされて適用が排除される**個別的効力説**（通説・判例）とがある。
2 法律上の争訟とは、**①具体的事件性**があり、**②法適用による終局的な解決の可能性**があるものをいう。①と②を満たさない場合には原則として裁判所は審査することなく訴えを却下する。
3 裁判官が罷免されるのは、①心身の故障のために職務を執ることができないと裁判で決定された場合（**分限裁判**）②義務違反や非行のあった裁判官に対し国会が設置した**弾劾裁判所**で罷免の判決がされた場合③衆議院選挙の際に行われる国民投票で投票者の多数が罷免を可とした場合（**国民審査**）である。なお、③は**最高裁判所の裁判官のみ**が対象となる点で①②と異なる。

●裁判所の構成

司法裁判所
最高裁判所
↑ 上告
高等裁判所
↑ 控訴
地方裁判所
簡易裁判所　　**家庭裁判所**

特別裁判所
弾劾裁判所
議員の資格争訟の裁判
特別裁判所の設置を禁ずる憲法が認めた例外。この2つの判決に不満でも通常の裁判所に上訴できない。

次の文の正誤を○×で答えなさい。

1 ある法律の規定が違憲と判断された場合、違憲とされた法律の規定は、当該事件に限らず、一般的に無効になるとするのが個別的効力説である。

×
設問は一般的効力説に関する内容である。

2 議員の資格争訟の裁判により、国会議員の身分を失っても、通常の裁判所には上訴できない。

○

3 裁判所は、具体的事件とかかわりなく、抽象的に法令それ自体を審査することはできない。

○

4 具体的な権利義務に関する争いの形をとっていても、宗教上の教義に関する判断が訴訟の帰趨を左右する必要不可欠の前提である場合、裁判所の審査権は及ばない。

○
法適用による終局的な解決の可能性がない。

5 最高裁判所の裁判官は、心身の故障及び公の弾劾以外で罷免されることはない。

×
国民審査で罷免されうる。

6 裁判官が病気などの理由により職務を行えない場合、報酬の一定割合の額が減額される。

×
裁判官の報酬を減額することはできない。

7 国会に設置される弾劾裁判所のなす裁判官の罷免は、司法審査の対象になりうる。

×
弾劾裁判所の判決について、通常の裁判所に上訴できない。

8 裁判官は、国会の両議院の議員で組織される弾劾裁判所の弾劾裁判によって罷免されるほか、内閣の懲戒処分によっても罷免される。

×
行政機関が、裁判官の懲戒処分を行うことは禁止されている。

13 市民革命と政治思想

1 ホッブズ、ロック、ルソーは社会契約説を唱えた。
2 ロックとモンテスキューは権力分立論を唱えた。
3 法によって権力を拘束する考え方に「形式的法治主義」と
「法の支配」がある。

1 **ホッブズ**は、自然権を権力者（国王）にすべて譲渡すべきであ
ると説いた。これに対し**ロック**は、国民は自然権の一部を政府
に**信託**するとし、信託を受けた政府が信託目的を達することが
できないときは、国民は契約を破棄して抵抗できると説いた。
ルソーは、人々は特殊意志ではなく、普遍的な**一般意志**に共通
に従うべきと説いた。
2 権力分立について、**ロック**は立法権を優位に立たせる制度を提
唱した。これに対し、**モンテスキュー**は、三権を対等とする制
度を提唱した。
3 形式的法治主義は、法の形式に着目したので、議会の制定した
法であればその中身は問われなかった。これに対して、**法の支
配**は法の内容を重視し、自由主義や民主主義とも結びつく。

● 社会契約説のまとめ

	ホッブズ	ロック	ルソー
自然状態	万人の万人に対する闘争	一応平和な状態	自由で平等な理想状態
社会契約	自然権を全面的に譲渡	自然権を一部譲渡（信託）	共同体に全面譲渡「一般意志」
抵抗権	なし	あり	あり
政体	絶対君主制	立憲君主制（間接民主制）	共和制（直接民主制）
影響	絶対王政を正当化	名誉革命を正当化、アメリカ独立宣言に影響を与える	フランス革命に影響を与える

次の文の正誤を○×で答えなさい。

1 ホッブズは、自然権を守るため、契約によって政府を作るべきであるとし、政府が人民の信頼を裏切って自然権を侵したときは、人民はそれを作り替える正当な権利を有するとした。

×
設問はロックの見解である。

2 ルソーは、自然状態における「万人の万人に対する闘争」の状態を避けるために、主権は絶対的な権力を持つ君主に委ねられるべきであるとした。

×
設問はホッブズの見解である。

3 ロックは、主権は立法部（議会）にあり、その決定は絶対的なものであるとして、国民がこれに抵抗する権利を否認した。

×
ロックは抵抗権を認めている。

4 ホッブズは、国家の主権は人民にあり、国家は社会公共の利益の実現を目指す人民の一般意志に導かれて自由と平等の社会を形成すべきであると説いた。

×
設問はルソーの見解である。

5 モンテスキューは、立法権、司法権及び執行権の三権の厳格な分離を強調し、三権相互の均衡抑制を要すると説いた。

○

6 ホッブズは、主権とは国家の絶対にして永続的権利であるとして、初めて主権という概念を提唱したが、その後、彼の主権論は王権神授説という形で広まった。

×
王権神授説は絶対王政を正当化する理論で、ボダンによって提唱された。

7 法の支配は、すべての権力を法によって拘束し、権力者による恣意的な支配を排除しようとするものである。法の支配では法であればその内容は問われない。

×
法の支配では、法の内容が重視され、自由主義や民主主義と結びつく。

14 夜警国家と福祉国家

1 夜警国家（消極国家）とは、国家の役割を治安の維持、外交、防衛など必要最小限のことのみとする国家をいう。

2 福祉国家（積極国家）とは、社会的経済的弱者を保護するため国民生活に積極的に介入し、国民福祉の増大を目指す国家をいう。

3 福祉国家が進み、行政が優越する国家を行政国家と呼ぶ。

1 夜警国家においては、国民生活は国民の自由に任せて国家は介入するべきではないとされ、経済面では自由放任主義経済（レッセ・フェール）や市場原理が優先された。

2 1の結果、貧富の差が拡大し、社会不安が生じた。そこで、社会保障制度を整え、国民生活の安定を図る福祉国家が登場した。

3 20世紀になると、福祉国家（積極国家）の進展により行政国家現象が顕在化した。行政国家現象の問題点は、議会の空洞化、行政機関の肥大化、中央集権化の促進などである。

● 夜警国家から福祉国家への流れ

～17、18世紀	18～19世紀	20世紀
絶対主義国家 ●絶対専制君主による統治 ●人権思想は不十分 ●国家による経済活動の制限	**夜警（消極）国家** ●立法国家（議会中心） ●人権思想の確立（自由権中心） ●自由放任主義経済（国家は国民生活に介入せず）	**福祉（積極）国家** ●行政国家（議会の地位が低下） ●「社会権」の登場 ●国民福祉の向上のため、国家が積極的に介入 ●政府（行政府）主導による社会政策・経済政策の実施

貧富の差の拡大
選挙権の拡大
（制限選挙➡普通選挙へ）

行政機関の肥大化
行政府（行政官中心）＞
立法府（議会）

次の文の正誤を○×で答えなさい。

1 夜警国家とは、治安の維持や防衛など必要最小限のことのみを役割とする国家をいう。

○

2 ドイツの社会主義者であるラッサールは、国家は国民生活に介入すべきではないとして夜警国家を賞賛した。

×
夜警国家はラッサールが当時の自由主義国家を批判するために用いた言葉。

3 夜警国家から福祉国家への変化の背景には、国家機能の拡大が挙げられる。

○

4 福祉国家化の進展により、政治における専門知識や技能などの必要性が高まり、このことが国家活動の中心を行政部から立法部に移行させることとなった。

×
立法部から行政部への移行である（行政国家現象）。

5 行政国家現象の対策としては、福祉を拡充することが挙げられる。

×
福祉の拡充は行政権の肥大化を招く。

6 西欧諸国は、19世紀半ばから末にかけて、産業化と都市化に起因する新しい社会問題・都市問題に対応する必要性に迫られ、そのサービスの範囲を広げることになった。

○

7 アダム・スミスは、経済において自由放任主義を主張した。

○

8 ケインズは市場における自由放任主義を批判し、金融政策による経済政策を主張した。

×
金融政策ではなく、財政政策である。

★★★
15 政治制度 (アメリカ)

1 アメリカ大統領は議会から独立した地位を有する。
2 アメリカの連邦議会は上院と下院で構成される。
3 大統領は法案拒否権を持つが、法案提出権や議会解散権を
持たない。

1 アメリカ大統領は、国民による**間接選挙**で選出される。**任期は4年**で、2期まで再選可能である。アメリカの大統領(及びその閣僚)は、議会から不信任決議を受けることはない。ただし、弾劾裁判により、大統領の責任を議会が問うことは可能である。

2 **上院**は、大統領が行った条約締結や高級官僚・最高裁判所判事任命に対する**同意権**を持つ。他方、**下院**は予算の**先議権**を持つ。

3 大統領は**法案拒否権**を有するが、両院が出席議員の3分の2以上で再可決すれば、法案は成立する。大統領は法案を提出できないが、教書という形で政策を議会に勧告できる。

● アメリカの政治制度

元首	大統領	国民による間接選挙で選出。任期は4年2選まで(3選禁止)
政党	二大政党制	共和党:「新保守主義」支持層(富裕層、保守層)、小さな政府 民主党:「リベラル(自由主義)」支持層(マイノリティー)、大きな政府
立法権	連邦議会	上院(元老院):州の代表。各州2名(定員100名)、任期6年 下院(代議院):国民の代表。人口比例(定員435名)、任期2年
行政権	大統領	大統領:議員との兼職はできない(内閣総理大臣と異なる) ●権限あり:法案拒否権・教書送付権 ●権限なし:法案提出権・議会解散権 大統領は議会に対し、責任を負わない(ただし、弾劾による罷免あり) 各省長官(閣僚):議員との兼職はできない(国務大臣と異なる)。大統領が任免。任命には上院の同意が必要
司法権	裁判所	連邦最高裁判所 ●違憲立法審査権の採用(19世紀に判例で確立)×憲法に明記

次の文の正誤を○×で答えなさい。

1 アメリカでは、大統領の選任要件として、連邦議会に議席を有していなければならない。

×
連邦議会の議員を兼職できない。

2 アメリカの大統領は、国民の直接選挙によって選出される。

×
アメリカの大統領は間接選挙によって選出される。

3 アメリカの大統領は、法律案の提出権はないが、教書を議会に提出し、必要な法律の制定を勧告できる。

○

4 アメリカ連邦議会は両院制で、下院は上院より優位に立ち、大統領が行う条約の締結や高級官僚の任命に対する同意権を持っている。

×
下院ではなく上院である。

5 アメリカの大統領の任期は4年であるが、大統領は憲法に任期が規定されているので、議会の決議により、その地位を失うことはない。

×
下院が弾劾の訴追を行い、上院が弾劾罷免の決定を行うと、地位を失うことがある。

6 アメリカの大統領は議会に解散を命じたり、法律案を提出することはできないが、議会は大統領に不信任決議を出すことができる。

×
議会は大統領に不信任決議を出せない。

7 日本やイギリスの議院内閣制に比べ、アメリカの大統領制のほうが権力分立が厳格である。

○

8 アメリカ大統領には、議会が議決した法律案を拒否する権限が与えられていない。

×
アメリカ大統領は法案拒否権を有している。

★★★

16 政治制度（イギリス・フランス・ドイツ）

> 1 イギリスは議院内閣制を採用している。
> 2 フランスの大統領は直接選挙によって選出され、下院の解散権を有している。
> 3 ドイツの大統領は儀礼的存在である。

1 イギリスの首相は、下院の第一党の党首が国王から任命される。国務大臣（閣僚）は全員が議員でなければならない。内閣は下院に対し、連帯責任を負う。元首は国王であるが、実質的な権限は有しない。日本やアメリカと異なり、イギリスの裁判所には違憲立法審査権がない。

2 フランスの大統領は直接選挙によって選出されること、また下院の解散権を有している点でアメリカと異なる。

3 ドイツの大統領は形式的・象徴的存在で、間接選挙で選出される。ドイツの首相（宰相）が実質的な権限を有している。

● イギリスの政治制度

元首	国王	「国王は君臨すれども統治せず」と言われ、政治上の権力は持たない。
政党	二大政党制	保守党：現在の与党。ジョンソン首相 労働党：野党第一党
立法権	議会	上院（貴族院）：非民選議員。定数不定。任期不定（原則終身） 下院（庶民院）：民選議員。定数600名、任期5年（解散あり）
行政権	内閣	内閣総理大臣＋国務大臣（閣僚） 下院で一番議員数の多い政党（第一党）の党首が首相となる。 内閣は議会（下院）に対して責任を負う。×国民
司法権	裁判所	上院から独立した最高裁判所が新設（2009年）。

次の文の正誤を○×で答えなさい。

1 イギリスの政治制度では、平常時の行政運営は内閣に委ねられているが、軍の統帥権は国王が実質権限を有している。

× イギリスの国王は、実質的な政治権力を持たない。

2 イギリスの首相は、下院の第一党の党首が任命され、また閣僚は議員でなければならない。

○

3 イギリスの議会は、上院（貴族院）と下院（庶民院）からなり、各院の議員はいずれも国民の選挙により選出される。

× 上院は非民選。

4 イギリスの議会は、司法的な機能を併せ持ち、下院（庶民院）に最高法院が設置されており、ここで違憲立法審査権も行使されている。

× イギリス議会に司法的な機能はない。また、イギリスの裁判所は違憲立法審査権を有しない。

5 イギリスの議会では、比例代表制の選挙制度の下、長く二大政党制が続いている。

× イギリスの下院は小選挙区制である。

6 フランスの大統領は形式的な存在である。首相は大統領によって任命され、国民議会の解散権は首相が持つ。

× フランスの大統領は広範な権限を有し、国民議会（下院）の解散権も大統領が持つ。

7 フランスの大統領は、直接選挙によって選出される。

○

8 ドイツの議会は連邦議会と連邦参議院の二院制である。大統領は国民の選挙によって選ばれ、強力な権限を持つ。

× ドイツの大統領は連邦会議によって選出。大統領は形式的な権限しかない。

45

17 選挙制度

> 1 1選挙区から1名を選出する制度を小選挙区制、政党の得票率に応じて議席を配分する制度を比例代表制という。
> 2 日本においては、衆議院は小選挙区比例代表並立制、参議院は選挙区選挙と比例代表選挙の並立制を採用している。
> 3 衆議院選挙において、候補者は小選挙区と比例代表の両方に立候補できる（重複立候補）。

1 小選挙区制の長所は大政党に有利で政局が安定しやすいこと、短所は死票が多いことが挙げられる。他方、比例代表制の長所は死票が少なく民意を反映しやすいこと、短所は小政党が分立して政局が不安定になるおそれがあることが挙げられる。

3 衆議院選挙では、小選挙区比例代表並立制のもとで、「小選挙区」と「比例代表制」の両方に立候補できる。比例代表制は拘束名簿式が採用されており、有権者は政党名で投票する。

● 日本の選挙制度

	衆議院	参議院
選挙制度	小選挙区比例代表並立制 （465人） ●小選挙区（289人）全国289区 ●比例区（176人）全国11区 拘束名簿式比例代表制	選挙区選挙と比例代表選挙の並立制 （248人） ●選挙区（148人）都道府県単位 ●比例区（100人）全国1区 非拘束名簿式比例代表制
任期	4年（解散あり）	6年（3年ごとに半数ずつ改選）
被選挙権	満25歳以上	満30歳以上
投票方法	●小選挙区（候補者名を記入） ●比例代表（政党名を記入） ※最高裁の裁判官の国民審査も実施	●選挙区（候補者名を記入） ●比例代表 （候補者名か政党名を記入）
重複立候補	○（復活当選あり）	×

2022年現在

次の文の正誤を○×で答えなさい。

1 衆議院の総定員500議席のうち、300議席は小選挙区で、残りの200議席は比例代表制で選出される。

× 現在の衆議院の総定員は465人である。

2 比例代表制は、社会の各集団の意思をほぼ正確に議会に反映する、死票を最小限に抑えられるなどの長所がある一方、新党の出現を難しくするなどの欠点がある。

× 比例代表制は新党や少数党は出現しやすい。

3 小選挙区制は、同一政党内における同士討ちが少なくなるなどの長所がある一方、大量の死票が出るなどの欠点も指摘されている。

○

4 在日外国人の選挙権は、国及び都道府県レベルの選挙では認められていないが、市町村議会議員及び市町村長選挙では認められているところもある。

× 在日外国人の選挙権は、国・地方を問わず認められていない。

5 選挙権を持つ在外邦人が選挙権を行使できるようにするため、平成10年に公職選挙法の一部が改正され、参議院選挙に関してのみ、在外公館投票制度が導入された。

× 衆議院でも在外公館投票制度は導入されている。

6 重複立候補は衆議院選挙では認められているが、参議院選挙では認められていない。

○

7 政党があらかじめ候補者に順位をつけない非拘束名簿式比例代表制が、衆参両院の比例代表選挙に導入されている。

× 衆議院の比例代表選挙では、拘束名簿式が採用されている。

18 政党と圧力団体

> 1 政党とは、一定の政策を掲げ、政権獲得を目的とする政治
>   団体をいう。
> 2 圧力団体とは、自己の特殊利益を実現するため、議会や行
>   政機関などに圧力をかける利益集団をいう。
> 3 圧力団体が形成された背景には、政党が国民の要求に柔軟
>   に対応できなくなったことが挙げられる（政党の寡頭制化）。

1 政党はまず①貴族政党から始まり、次に名望家（財産と教養を
  持つ富裕層）にのみ選挙権が与えられる制限選挙が行われるよ
  うになり②名望家政党が登場した。そして普通選挙制度が導入
  されると③大衆政党が出現する。大衆政党はさまざまな階層の
  利益を議会に持ち込むことになり、議会の機能不全の一因とな
  った。

2 圧力団体は、政党が拾わない利益や特定の職業の利益を国政に
  反映させるなど、議会制を補完する機能や、社会の潜在的な要
  求を集約し、具体的な要求として表現する利益表出機能を有す
  る。

3 アメリカでは、圧力団体の代理人（ロビイスト）が議会などで
  ロビイング（圧力活動）を行う。圧力団体が、議員を通して官
  僚に圧力をかけることが多い。

●圧力団体の分類

分類	内容
部門団体	成員の利益や要求を達成するために働きかけを行う団体。 例:経済団体、業界団体、労働団体、農業団体、専門家団体
促進団体	公共の利益を追求する団体。 例:環境保護団体、人権団体、平和運動（核兵器廃絶運動）団体
潜在団体	緊急の必要に応じて急遽、結成され、圧力活動を行う団体。 例:マンション建設に反対するための住民団体

次の文の正誤を○×で答えなさい。

1 政党も圧力団体も、大衆社会の成立とともに設立された組織団体であり、政権を獲得することを目的としている。

×
圧力団体は政権の獲得が目的ではない。

2 政党も圧力団体も、政治過程においてある種の役割を果たしており、圧力団体は弊害をもたらすがさまざまな利益を政治過程に反映している。

○

3 圧力団体は日本特有の組織であり、欧米ではほとんど存在しない。

×
欧米にも存在する（例：全米ライフル協会）。

4 圧力団体は、特定の主義や主張を政府の政策として実現しようとする団体である。

×
政党に関する記述である。

5 大衆デモクラシーの拡大は、政党の寡頭制化や官僚制化を生み、国民は自己の利益を表明するため圧力団体を組織するようになった。

○

6 圧力団体は、地域代表制を補完する機能や利益表出機能などを有する。

○

7 圧力団体が台頭した最大の理由は、工業化や都市化により社会の利害が分化し、国民の多様化が進み、行政国家から立法国家への転換が図られたことである。

×
立法国家から行政国家への転換が、圧力団体が台頭した最大の理由である。

8 圧力団体の活動は、議員に対する直接的な依頼・相談・懇請などにより、もっぱら議会内の立法過程に集中している。

×
圧力団体は議会制民主主義を補完するものとして、その活動の拠点は立法過程外のほうが多い。

19 戦後政治史

1 55年体制とは自由民主党（自民党）の長期安定政権のこと
   をいう。自民党政権は1993年の細川内閣誕生まで続いた。
2 第二次世界大戦後、日本は、サンフランシスコ平和条約
   （1951年）によって、独立を回復した。
3 1980年代に三公社が民営化され（中曽根内閣）、89年に
   初めて消費税が導入された（竹下内閣）。

1 55年体制（1955～93）下では、「自由民主党」対「日本社会
  党」という構図であったが、2党の議席数はおおむね自民党1に
  対して日本社会党が2分の1であり、自民党の一党優位体制であ
  った。しかし、93年の衆議院選挙で自民党は大敗。8党からな
  る非自民の細川連立政権が誕生し、55年体制は崩壊した。
2 日本は、1951年のサンフランシスコ平和条約により、独立国と
  しての地位を回復。56年の日ソ共同宣言により、ソ連と国交を
  回復。同年、国際連合の加盟が実現した。しかし、日本とソ連
  （ロシア）との平和条約は締結されないまま現在に至る。
3 1960～80年代の主な内閣

首相	在任期間	重要政策・出来事
池田勇人	1960～64年	所得倍増計画、東京オリンピック開催
佐藤栄作	1964～72年	日韓基本条約調印、小笠原諸島返還、沖縄返還
田中角栄	1972～74年	日中共同声明により中国との国交回復
福田赳夫	1976～78年	日中平和友好条約締結
中曽根康弘	1982～87年	三公社（国鉄、電電公社、専売公社）が民営化
竹下登	1987～89年	消費税（3％）導入、リクルート事件

次の文の正誤を○×で答えなさい。

1 55年体制においては、自民党と社会党は当初からほぼ同数の議席を保有し、1993年に細川内閣が誕生するまで、両党による均衡した政治が実現していた。

×
議席数は、おおむね自民党1に対し社会党2分の1。

2 鳩山内閣（1954～56）は、日ソの国交正常化に取り組み、領土問題を棚上げした形で日ソ平和条約に調印して国交回復を果たした。

×
日ソ（ロシア）間での平和条約は現在に至るまで締結されていない。

3 田中内閣（1972～74）は、日中平和友好条約に調印して日中の国交回復を行った。

×
日中平和友好条約は福田内閣のときに締結された。

4 中曽根内閣（1982～87）は、行政改革を最大の政治課題として取り組み、国鉄、電電、専売の三公社の民営化を実現した。

○

5 中曽根内閣は、税制改革に取り組み、消費税導入を行ったが、リクルート事件が起こって退陣した。

×
消費税を導入し、リクルート事件が起こって退陣したのは、竹下内閣である。

6 日本における連立内閣の成立は、55年体制が始まってから1980年代までなく、1990年代になって見られるようになった。

×
1980年代に自民党が新自由クラブと連立内閣を組んだことがある。

7 田中内閣の下では、懸案であった日韓基本条約が調印されるとともに、小笠原返還及び沖縄返還が実現した。

×
日韓基本条約調印は1965年、小笠原返還は1968年、沖縄返還は1972年で、佐藤内閣のときである。

20 国際関係

1 1920年に設立された国際連盟は、当初42か国が参加したが、アメリカは設立当初から不参加であった。
2 国際連合は、現在、193か国が加盟している。
3 第二次世界大戦後、米ソの冷戦下で軍拡競争が行われた。

1 国際連盟は史上初の国際的な平和機関であったが、アメリカは上院で加盟が否決されて参加できず、また総会決議は全会一致で、軍事的な制裁を認めないなど制度上の問題を抱えていた。
2 国際連合の総会には全加盟国が参加し、一国一票の多数決制で決議が行われる。安全保障理事会（安保理）は5か国の常任理事国と、10か国の非常任理事国で構成される。
3 核軍縮では、1963年に部分的核実験禁止条約（PTBT）が発効。地下を除くすべての核実験が禁止された。96年には国連総会で包括的核実験禁止条約（CTBT）が採択されたものの発効には至っていない。

● 国際連盟と国際連合の比較

	国際連盟	国際連合
成立過程	第一次世界大戦後、アメリカのウィルソン大統領の提唱で1920年に発足	1945年、サンフランシスコ会議で国連憲章が採択され、同年10月に発足
加盟国	発足当初はアメリカ、ソ連、ドイツは未加盟。のち、日本、ドイツ、イタリアが脱退	現在193か国。安全保障理事会の常任理事国は、アメリカ、イギリス、フランス、ロシア、中国
組織	総会、理事会、常設事務局、常設国際司法裁判所	総会、安全保障理事会、経済社会理事会、事務局、信託統治理事会、国際司法裁判所
特徴	総会の議決は全会一致、制裁は経済制裁が中心で、武力制裁は認められていなかった	総会の決議は多数決制、安全保障理事会の常任理事国には拒否権あり。武力制裁も可能

次の文の正誤を○×で答えなさい。

1 国際連盟は、設立当初からアメリカが加盟せず、日本が脱退するなど、真に世界的な組織になることができなかった。

○

2 国際連盟には、国家間の紛争を国際法に基づく司法的解決により調停するための機関が存在しなかった。

×
国際連盟には常設国際司法裁判所が存在。

3 国際連盟の決議は法的拘束力を持たず、侵略国に対しても経済制裁を加えるにとどまった。これに対し、国際連合は国連憲章で国連軍を創設できると定めている。

○

4 国際連盟では、総会や理事会で全会一致制を採用したため、しばしば決定を下すことができなかった。これに対し、国際連合の総会決議は多数決制を採用している。

○

5 国際連合では、アメリカ、イギリス、フランス、中国、ロシアの5カ国に安全保障理事会常任理事国の地位を与え、これら5常任理事国は安全保障理事会のみならず、総会でも拒否権を有している。

×
5常任理事国が拒否権を有しているのは安全保障理事会の決議に対してのみである。

6 1963年に部分的核実験禁止条約（PTBT）が発効した。同条約により、すべての核実験が禁止されるようになった。

×
地下核実験は除外されている。

7 包括的核実験禁止条約（CTBT）は1996年に国連総会で採択され、同年に発効した。

×
CTBTは、まだ発効していない。

★★★
01 市場メカニズム

1 市場では均衡価格が自動的に達成される。
2 価格以外の条件変化により需要量・供給量は変化する。
3 生活必需品の需要の価格弾力性は小さい。

1 市場メカニズム

価格P

P₁

均衡価格

P₂

0

売れ残り（超過供給）

均衡点

品不足（超過需要）

供給曲線S
生産者

需要曲線D
消費者

数量Q

| 需要 < 供給（超過供給） | 売れ残り ➡ 価格低下 |
| 需要 > 供給（超過需要） | 品不足 ➡ 価格上昇 |

2 需要曲線・供給曲線のシフト

● 需要曲線のシフト

要因	右シフト	左シフト
①所得	増加	減少
②趣味・嗜好	増加	減少
③代替財の価格	上昇	低下
④補完財の価格	低下	上昇

● 供給曲線のシフト

要因	右シフト	左シフト
①生産コスト	減少	増加
②技術革新	進歩	後退
③規制	緩和	強化
④税	減税	増税

3 需要の価格弾力性：価格の変化に対する需要量の変化の割合

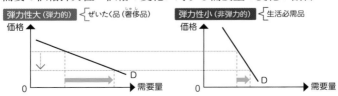

弾力性大（弾力的）｛ぜいたく品（奢侈品）

価格

0

D

需要量

価格の変化に対する需要量の変化が大きい

弾力性小（非弾力的）｛生活必需品

価格

0

D

需要量

価格の変化に対する需要量の変化が小さい

次の文の正誤を○×で答えなさい。

1 市場経済では、需要量が供給量を上回ると、価格が上昇し需要量が減少することで、需要量と供給量の一致が達成される。

○

2 牛肉の価格が低下すると、牛肉の需要量は減少する。

×
価格が低下すると需要量は増加する。

3 国民の所得が増加すると、供給曲線が右にシフトし、均衡数量は増加する。

×
需要曲線が右シフト。

4 豚肉・鶏肉・魚など他の肉類の価格が上昇すると、牛肉の価格は上昇する。

○
代替財価格の上昇。

5 原油価格が高騰すると石油の供給曲線が右にシフトし石油製品の価格は上昇する。

×
生産コストの増加により供給曲線は左にシフトする。

6 二酸化炭素を排出する企業への環境税の課税は、その企業の製品価格を引き上げる。

○

7 ぜいたく品に比べ、生活必需品の需要曲線の傾きは緩やかになる。

×

8 アルコール中毒者にとって、アルコールの需要は弾力的である。

×
非弾力的である。

9 需要の価格弾力性が大きいほど、需要曲線の傾きは小さい。

○

10 需要量が価格に全く反応せず、一定の場合には、需要曲線は水平になる。

×
需要の価格弾力性がゼロで、需要曲線は垂直となる。

02 企業

1 資本の集中が進み、さまざまな独占形態が出現した。
2 株式会社の特徴は「所有と経営の分離」である。
3 コーポレート・ガバナンスは「企業統治」と訳される。

1 企業の巨大化

● 資本の集中の形態

カルテル（企業連合）	トラスト（企業合同）	コンツェルン（企業連携）
A社 協定 B社　C社	A社 ＋　→　X社 B社	親会社　　　A社 子会社　B社 孫会社　C社
同一産業内の各企業間の価格・生産量などについての協定（独立性あり）。	同一産業内の各企業が1つの企業として合併・買収（M&A）したもの（独立性なし）。	持株会社（ホールディングス）を設立し、異なる産業の企業を資本的結合（株式所有）、人的結合（役員派遣等）などにより、支配・結合する形態。

2 株式会社のしくみ

株式会社は有限責任の株主が出資者となり、意思決定の最高機関である株主総会で任命された経営者が会社の経営にあたる「所有と経営の分離」が特徴である。

3 企業に関する用語

■ コーポレート・ガバナンス（企業統治）：企業の不祥事などを防止するために企業経営を監視するしくみ。
■ 企業の社会的責任（CSR）：利害関係者（ステークホルダー）に対する社会的責任。
■ コンプライアンス：法令遵守

次の文の正誤を○×で答えなさい。

1 株式会社の出資者である株主は、会社が倒産したとき、自分の個人的財産をもって負債を弁償する必要がある。

×
株式会社の株主は有限責任である。

2 株式会社の経営は、出資者である株主が行う。

×

3 株式会社を設立するための最低資本金は1000万円とされている。

×
1円でも設立可能。

4 株主総会では1人1票の議決権を持っている。

×
株式の数に応じる。

5 同一産業の複数の企業が独立性を捨てて結合し、大企業になり、市場の独占的な支配をめざす形態をトラストという。

○
企業合同ともいう。

6 同一産業の独立した各企業が、販売価格や生産量、販売経路などについて協定を結び、高い利潤の確保をめざす形態をコングロマリットという。

×
カルテルの説明である。

7 大企業が株式の保有や役員の派遣を通じて、複数の産業にまたがって、他の多くの企業を支配する形態をカルテルという。

×
コンツェルンの説明である。

8 企業が不祥事を起こしたり、株主などの利益を損ねたりしないように企業経営を監視することをコーポレート・ガバナンスという。

○
企業統治と訳される。

★★★
03 市場の失敗

1 自然独占では、資源の最適配分を達成できない。
2 公共財とは、①非競合性、②非排除性をもつ財である。
3 外部不経済の代表例として公害が挙げられる。

1 費用逓減産業（自然独占） 例：電気・ガス・水道・鉄道
初期費用が非常に大きく、平均費用が逓減し続ける（「規模の経済」が働く）産業。新規参入が困難となり自然独占になる。

2 公共財 例：警察・消防・国防・外交
①非競合性（消費が競合せず全員が同時に同じ量を消費できる）②非排除性（対価を支払わない人を使用から排除できない）という性質を持つ財。フリーライダー（ただ乗り）の発生を防げないため、市場（民間企業）で供給すると過少供給になる。

3 外部性
ある経済主体の活動が、市場を通さずに他の経済主体にプラスあるいはマイナスの効果を与えること。
プラス（正）の効果（＝外部経済 例：医療・教育）
…生産量は過少、価格は過大になる。
マイナス（負）の効果（＝外部不経済 例：公害）
…生産量は過大、価格は過少になる。

●公害は「外部不経済」の代表例

次の文の正誤を○×で答えなさい。

1 政府が市場に関与することにより資源の最適配分が実現しないことを市場の失敗といい、政府による関与の例として、価格統制、公共財や公共サービスの提供を挙げることができる。

×
市場の失敗とは、市場に委ねると資源の最適配分が達成されないことをいう。

2 規模の経済が著しく大きい費用逓減産業では、自由な競争に任せておくと、やがて独占が形成される。

○

3 電力・ガス・水道などの公益事業の赤字に政府が補助金を給付しても最適な資源配分は達成できない。

×

4 対価を支払わなくても利用できるという非競合性を持ち、誰もが使い、ある人が多く消費しても他の人の消費がその分減ることはないという非排除性を持つ財を「公共財」と呼ぶ。

×
非競合性と非排除性の説明が逆である。

5 公共財の供給を市場に委ねると最適な供給量より過少になる。

○

6 外部不経済とは、企業活動が市場を通じて第三者に経済的な不利益を与えることである。

×
通じて➡通さず

7 公害等の外部不経済が発生している場合には、それを放置すると、取引量は過大に、価格は過少になる。

○

04 国内総生産（GDP）

> 1 GDPは「フロー」、国富は「ストック」である。
> 2 「GNP＝GDP＋海外からの純所得」である。
> 3 農家の自家消費は例外的にGDPに計上する。

1 フローとストック
- ●**フロー**：一定期間における変化量
  国民所得の諸概念（GDP、GNP、NIなど）
- ●**ストック**：ある時点までの蓄積高
  国富＝非金融資産＋対外純資産

2 GDPとGNP

総生産額		
GDP（国内総生産）		中間生産物

海外からの純所得：海外の日本人の所得と国内の外国人の所得の差

GNP（国民総生産）		
NNP（国民純生産）		固定資本減耗
NI（国民所得）	間接税－補助金	

3 帰属計算：市場取引されたと仮定してGDPに計上すること

GDPに計上するもの	GDPに計上しないもの
●仲介手数料（不動産売買等）	●資産の価格（株や土地、絵画など） ●中古市場の取引
●帰属計算（農家の自家消費・持ち家の家賃） ●政府の公共サービス（警察・消防・国防など） ●会社の現物給付	●主婦（夫）の家事労働 ●サラリーマンの家庭菜園 ●ボランティア活動

次の文の正誤を○×で答えなさい。

1 国内総生産（GDP）は、1年間に国内で新たに生産された財やサービスの付加価値の総額であり、国内での総生産額から中間生産物の価額を差し引いたものである。

○
中間生産物とは、生産のための原材料費等をさす。

2 フローの概念の代表例である国富は、資産の残高であり、実物資産と対外純資産で構成される。

×
国富はストックの概念である。

3 日本のGDPには、日本人が海外で得た所得も含まれている。

×
国内のみ計上する。

4 GDPに海外からの所得の受取りを加えて、海外への支払いを差し引くと国民総生産（GNP）が得られる。日本企業が海外子会社から受け取る配当金は日本のGDPに含まれるが、日本のGNPには含まれない。

×
海外からの所得受取りは、日本のGDPではなく、GNPに含まれる。

5 GDPは、国民純生産に補助金を加え、間接税を差し引いた額に等しい。

×
NIの説明である。

6 GDPには、土地売買の代金および仲介手数料も含まれる。

×

7 GDPには、農家が自分で生産したものを市場に出さないで自分で消費する農家の自家消費も含まれる。

○
帰属計算としてGDPに計上する。

8 GDPには、警察、消防、国防といった政府が提供する公共サービスや掃除、洗濯、料理といった主婦又は主夫による家事労働も含まれる。

×
政府の公共サービスは含むが、主婦（夫）の家事労働は含まれない。

05 景気循環と物価

1 GDPの増加を「経済成長」、増加率を「経済成長率」という。
2 景気循環の波の周期は原因によって異なる。
3 不況下のインフレを「スタグフレーション」という。

1 経済成長率：国内総生産（GDP）の伸び率。

$$経済成長率 = \frac{今年のGDP - 前年のGDP}{前年のGDP} \times 100$$

$$実質GDP = \frac{名目GDP}{GDPデフレーター} \times 100$$

2 景気循環：『❶好況 ➡ ❷後退 ➡ ❸不況 ➡ ❹回復』の4局面（1周期）を繰り返す現象。

● 景気循環の波

	周期	主原因	種類
コンドラチェフの波	50年	技術革新	長期循環
クズネッツの波	20年	建設投資	長期循環
ジュグラーの波（主循環）	10年	設備投資	中期循環
キチンの波（小循環）	3〜4年（40か月）	在庫投資	短期循環

3 インフレーションの種類

ディマンド・プル・インフレーション（需要インフレ）	コスト・プッシュ・インフレーション（費用インフレ）
需要が供給を上回ることによって発生	賃金や原材料費などのコストの上昇で発生

スタグフレーション：不況（スタグネーション）と物価上昇（インフレーション）が同時進行する現象。例1970年代初めの第一次石油危機後に発生（「狂乱物価」）

次の文の正誤を○×で答えなさい。

1 実質GDPは、名目GDPをGDPデフレーターで割ることにより算出される。

○

2 クズネッツの波は、設備投資の変動が主な原因となって生じるとされる約10年周期の中期波動である。

×
ジュグラーの波の説明である。

3 在庫投資の変動を主原因とする約3～4年周期の景気循環をキチンの波と呼び中期循環に分類される。

×
キチンの波は短期循環に分類される。

4 インフレーションが発生すると貨幣価値が低下するので、債務の負担が軽くなる反面、勤労者の実質賃金の低下や預貯金の目減りを招く。

○
インフレは債務者有利の反面、定額所得者には不利になる。

5 デフレーションにおいては、年金生活者などの固定収入で生活する者は、受け取る貨幣の価値が下がるため購買力が低下して不利になる。

×
デフレーションは貨幣価値の上昇を意味し、購買力は高まる。

6 賃金や原燃料価格が上昇すると、需要と供給の間に不均衡が生じ、生産力が低下するためにデフレーションが発生する。

×
コスト・プッシュ・インフレーションの説明である。

7 消費者が小売段階で購入する商品の価格の平均を消費者物価といい、企業間で取引される卸売段階での商品の価格の平均を企業物価という。

○
消費者物価指数は総務省、企業物価指数は日本銀行が発表。

8 デフレーションで物価が下落しても需要が回復せず、売上高の減少が所得の減少を招いてさらなる需要減少と物価下落に陥る現象をスタグフレーションという。

×
デフレスパイラルの説明である。スタグフレーションとは、不況下のインフレをいう。

★★★
06 財政

1 政府の歳入と歳出を「財政」といい、3つの役割がある。
2 内閣は予算を作成し、国会に提出して議決を受ける。
3 財政投融資の主な財源は、財投債の発行による。

1 財政の3機能

	内容	例
①資源配分機能	公共財の供給、自然独占産業の規制など	警察、消防、電気、ガス、水道
②所得再分配機能	高所得者から低所得者へ所得再分配（格差の是正）	累進所得税 生活保護、失業保険
③経済安定化機能	ビルト・イン・スタビライザー（自動安定化装置） フィスカル・ポリシー（裁量的財政政策）	累進課税制度、失業保険 減税、公共投資拡大など

2 予算は内閣が作成し、国会に提出されて議決を受ける。予算には、一般会計予算、特別会計予算、政府関係機関予算があり、すべて国会の議決が必要である。本予算が成立しない場合に組む予算を暫定予算といい、予算成立後の事情の変化により、予算の変更が必要になった場合に組まれる予算を補正予算という。
3 「第二の予算」と呼ばれてきた財政投融資は、租税負担によらず、財政投融資特別会計国債（財投債）の発行などにより調達した資金を財源とし、予算と一体のものとして国会に提出され議決を受ける。

次の文の正誤を○×で答えなさい。

1 資源配分機能とは、道路や橋などの公共財を政府が財政資金を用いて供給することをいう。

○

2 所得再分配機能とは、政府の財政政策によって、所得格差の是正を図ることをいう。

×
財政政策によらない。

3 裁量的財政政策（フィスカル・ポリシー）とは、累進課税制度や社会保障制度が備わっていることで自動的に景気を調整する機能をもつことをいう。

×
ビルト・イン・スタビライザーの説明である。

4 わが国の予算は、一般会計予算、特別会計予算および政府関係機関予算からなり、政府関係機関予算についてのみ、必ずしも国会の議決を経ることを要しない。

×
すべて国会の議決を要する。

5 暫定予算とは、新年度開始までに本予算が成立していないときに暫定的に組まれる予算であり、国会の議決を必要としない。

×
暫定予算も国会の議決を要する。

6 補正予算とは、当初の本予算どおりの執行が困難になったときに国会の議決を経て本予算の内容を変更するように組まれた予算であり、1年度に2回までとされている。

×
補正予算の回数に制限はなく、何回でも組むことができる。

7 財政投融資とは、租税を財源とした投融資活動などをいう。

×
財投債などが財源。

8 財政投融資は、一般会計予算とは異なり、国会の議決を受ける必要はない。

×
国会の議決は必要。

07 租税と公債

1 租税は直接税と間接税に分類される（国税で約6：4）。
2 間接税である消費税には逆進的な性質がある。
3 特例国債（赤字国債）の発行には特別立法を要する。

1 租税の分類

		国税	地方税	
			道府県税	市町村税
直接税	所得課税 資産課税	所得税 法人税 相続税 贈与税	道府県民税 不動産取得税 自動車	市町村民税 固定資産税 都市計画税 軽自動車税
間接税	消費課税	消費税 酒税 たばこ税 関税 自動車重量税	地方消費税	入湯税

2 直接税と間接税

	公平性	税収	捕捉率
直接税 （納税者と担税者が 同じである税金）	垂直的公平	不安定	格差あり
間接税 （納税者と担税者が 別である税金）	水平的公平 （逆進性）	安定	格差なし

3 国債発行原則（建設国債の原則・市中消化の原則）
　市中消化の原則（財政法5条）：日銀引受けの禁止

	対象	根拠法
建設国債	公共事業費等	財政法4条（4条公債）
特例国債（赤字国債）	経常的経費	特例公債法（単年度立法）

次の文の正誤を○×で答えなさい。

1 租税を課税主体により分類した場合、国税と地方税とに区分され、酒税や自動車重量税は国税であり、不動産取得税や都市計画税は地方税である。

○
不動産取得税は道府県税、都市計画税は市町村税である。

2 租税を納税義務者と租税負担者（担税者）が一致しているか否かにより分類した場合、直接税と間接税とに区分され、所得税や消費税は直接税であり、酒税や関税は間接税である。

×
消費税は間接税である。

3 所得税は、累進課税であり、景気を自動的に安定化させる機能および所得の再分配機能を持つが消費税は、低所得者ほど租税負担感が高くなるという逆進的な性質を持っている。

○

4 租税負担の公平の考え方には、水平的公平と垂直的公平があり、垂直的公平とは、同じ経済的能力、担税力を持つ人々に同じ税額を負担させるというものである。

×
垂直的公平とは、異なる担税力の人には異なる負担をさせる。

5 所得税は、税務当局によるサラリーマン・自営業者・農業従事者などの各業種に対する所得の捕捉率に差が生じやすい。

○
「クロヨン」問題といわれる。

6 戦後、シャウプ勧告によって直接税中心の税制がしかれたが、その後、景気に左右される直接税に比べ、国税収入に占める間接税の割合が次第に増加し、現在では、約5割を占めるに至っている。

×
シャウプ勧告後、直接税中心の税体系になり、直間比率はおおむね国税で6：4である。

08 金融政策

★★★

> 1 日本銀行は日本の中央銀行であり、3つの役割がある。
> 2 マネーストックの増減は景気に影響を及ぼす。
> 3 現在の金融政策の主な手段は公開市場操作である。

1 日本銀行：財務省所管の認可法人であり、日本国の中央銀行。

● 日本銀行の目的と役割

目的		「物価の安定」「金融システムの安定」
役割	発券銀行	唯一、紙幣（日本銀行券）を発行できる銀行
	銀行の銀行	市中銀行の預金の受入れ、資金の貸出し。「最後の貸し手」
	政府の銀行	政府の国庫金（税金、社会保険料等）の出納事務等を行う

2 マネーストック：民間の経済部門が保有している通貨量をいい、物価の安定のために通貨量を調節するのが金融政策である。

3 金融政策の手段

①**公開市場操作**…国債などの売り操作（売りオペ）または買い操作（買いオペ）を行い、マネーストックに影響を及ぼす方法。

②**金利操作**…中央銀行が政策金利を誘導して通貨量を調節する方法。「公定歩合」（「基準割引率および基準貸付利率」に名称変更）から「無担保コール翌日物金利」＝コールレートへ変更

③**支払準備率操作**…市中銀行から中央銀行に預ける際の預金準備率を操作し、通貨量を調整する（1991年以来、実施なし）。

	好況期:金融引締め	不況期:金融緩和
①公開市場操作	売りオペ	買いオペ
②金利操作	引き上げ	引き下げ
③支払準備率操作	引き上げ	引き下げ

次の文の正誤を◯×で答えなさい。

1 日本銀行は、日本の国営銀行であり、日本銀行券と硬貨を発行している唯一の発券銀行である。

×
国営ではなく、硬貨は発行しない。

2 日本銀行は、市中金融機関と取引きを行う「銀行の銀行」であるとともに国庫金の出納を取り扱う銀行である。

◯

3 日本銀行は、管理通貨制度のもとで、金の保有量に応じて日本銀行券を発行している。

×
金の保有量と無関係。

4 市中銀行は、その預金の一定割合（準備率）を日本銀行に支払準備金として預け入れることとされている。

◯

5 日本銀行政策委員会は、日本銀行の最高意思決定機関であり、財務大臣、総裁、副総裁ら9名で構成されている。

×
財務大臣は構成員ではない。

6 日本銀行が行う金融政策の主な手段には、公開市場操作・公定歩合操作・預金準備率操作があり、現在、その中心は公定歩合操作となっている。

×
公開市場操作が中心である。

7 買いオペレーションを行うと景気の過熱化が抑制され、売りオペレーションを行うと景気が刺激される。

×
買いオペと売りオペが逆である。

8 公定歩合は、かつて市中金利と連動しており、代表的な政策金利であったが、金利の自由化でその役割を終えた。

◯
2006年以降、名称変更した。

09 貿易と国際収支

1 リカードは「比較生産費説」で自由貿易を主張した。
2 円高になると輸出が減少し、輸入が増加する。
3 証券投資の収益は第一次所得収支に含まれる。

1 国際貿易：国際分業による生産物の交換

リカードが国際分業による自由貿易の利益を主張（比較生産費説）したのに対して、リストは国内産業保護のための保護貿易を主張した。

2 為替レート：自国通貨と外国通貨の交換割合

●円高と円安

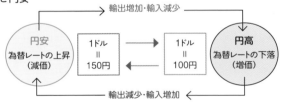

3 国際収支：一定期間内の対外的な経済取引の体系的な記録。

経常収支	貿易・サービス収支	財の輸出入・旅行等の取引を計上
	第一次所得収支	雇用者報酬、投資収益（利子・配当）
	第二次所得収支	社会資本以外の無償資金援助
資本移転等収支	社会資本の整備資金の無償資金援助	
金融収支	直接投資：経営権取得のための株式投資（工場・会社の設立等）	
	証券投資：経営権取得目的以外の株式投資	
	金融派生商品：デリバティブ取引に関わる投資	
	その他の投資：銀行、企業、政府による貸付け、現金、預金など	
	外貨準備：中央銀行が保有する、対外的な決済手段（外貨など）	

次の文の正誤を○×で答えなさい。

1 イギリスの経済学者リカードは、比較優位のある生産物に特化して、他財は貿易によって入手した方が、双方の国にとって利益になるという比較生産費説を示した。

○
主著『経済学および課税の原理』の中で示した。

2 円安になると、自動車、電機、機械などの輸出産業では、製品を輸出するときに受け取る円が減少するので、デメリットを受けることになる。

×
円高のときの説明である。円安の場合、輸出産業は有利になる。

3 輸出が増えると円の需要が減り、円安になる。

×

4 国際間で資金移動が行われる場合、日本の金利を上昇させると円高になり、金利を低下させると円安になる。

○
円の需要が高まり円高になる。

5 円高のときは、外貨預金をする人が増える。

○

6 国際収支統計によると、経常収支は、貿易・サービス収支、第一次所得収支、第二次所得収支、および外貨準備によって構成される。

×
外貨準備は金融収支の項目である。

7 雇用者報酬、投資収益などは、企業活動の二次的な成果に基づくものであるので、第二次所得収支に含まれる。

×
第一次所得収支に含まれる。

8 日本人が海外旅行をするとサービス収支の赤字要因となる。

○
外貨の支払いになる。

10 高度経済成長

1. 戦後、GHQの指令により、経済民主化政策が行われた。
2. 日本は1950年代半ば頃から高度経済成長期に入った。
3. 第一次石油危機により、経済成長は減速した。

1 第2次世界大戦後の復興期（1945年〜1954年）

GHQによる「三大経済民主化政策」	
①財閥解体	1947年「独占禁止法」制定、独占的大企業の解体
②農地改革	寄生地主制度を廃止、自作農創設
③労働民主化	労働3法制定

傾斜生産方式 → インフレ → 経済安定9原則「ドッジ=ライン」 → デフレ → 1950年 朝鮮戦争 → 特需景気!!

基幹産業（石炭・鉄鋼など）　　超均衡予算の実施「安定恐慌」　　　　戦後復興

2 高度経済成長期（1955年〜1973年）：経済成長率 平均10%前後

第一次高度成長期	神武景気 (1955〜57)	「もはや戦後ではない」(1956経済白書) 「三種の神器」：白黒テレビ・洗濯機・冷蔵庫⇒耐久消費財ブーム 「国際収支の天井（〜60後半）」⇒「なべ底不況（1957〜58）」
	岩戸景気 (1958〜61)	「投資が投資を呼ぶ」(1960経済白書) 「国民所得倍増計画」池田勇人内閣の10年間でGNP倍増計画
転換期	オリンピック景気 (1963〜64)	「昭和40年不況」：オリンピック後の反動不況⇒歳入補填債発行 OECD加盟 (1964)
第二次	いざなぎ景気 (1965〜70)	「3C」：カー（車）・クーラー・カラーテレビ 「戦後最長（57か月）の好景気」⇒GNP資本主義国2位

3 高度経済成長の終焉

1973	第一次石油危機（オイルショック）…スタグフレーション（物価上昇＋不況）発生
1974	戦後初のマイナス成長へ

次の文の正誤を○×で答えなさい。

1 第二次世界大戦直後、連合国軍総司令部（GHQ）により財閥解体、農地改革、労働改革などの経済民主化のための指令が出されたが、当時の国際共産主義への警戒心から、労働組合法の制定は1950年代に持ち越された。また、労働力や資金を食料品や日用品の生産に重点的に投入する傾斜生産方式が採られた。

×
労働組合法は1945年に成立した。傾斜生産方式は石炭や鉄鋼への集中的な投資である。

2 1940年代後半には、傾斜生産方式を採用したことにより、深刻なデフレーションが発生したが、ドッジ＝ラインの実施によって、不況から脱却した。

×
インフレが発生し、収束して不況に。

3 我が国は、1955年頃から、神武景気、岩戸景気等の好景気を経験したが、輸入の増加による国際収支の悪化が景気持続の障壁となっており、これは国際収支の天井と呼ばれた。

○

4 1960年代初頭に池田内閣は実質国民総生産を10年間で2倍にする国民所得倍増計画を発表したが、実際にはこの計画は達成できなかった。

×
当初の計画より早く1967年に達成された。

5 高度経済成長期の1960年代半ばに、我が国は経済協力開発機構（OECD）に加盟した。

○
先進国入りした。

6 1970年代末に発生した第二次石油危機は、狂乱物価といわれるほどの物価上昇を引き起こし、実質経済成長率は、戦後初めてマイナスを記録した。

×
第一次石油危機についての記述である。

11 地域経済統合

1 EPAはFTAより広い分野の協定を指す。

2 近隣の複数国の経済を統合したものを地域経済統合という。

3 RCEPは世界の人口の半分を占める巨大な経済圏である。

1 FTA（自由貿易協定）とEPA（経済連携協定）

EPA（経済連携協定）	FTA（自由貿易協定）
ヒト・モノ・カネの移動の自由化・円滑化 ➡幅広い経済関係を目指す	貿易障壁の撤廃 （関税、輸出入制限など）

2 地域経済統合

EU （欧州連合）	1967年 EC（欧州共同体）発足 1993年 EU（欧州連合）発足←マーストリヒト条約発効 1999年 単一通貨ユーロ導入←イギリスなど不参加 2009年 リスボン条約発効←政治統合を目指す 2016年 イギリスが国民投票でEU離脱派が勝利
NAFTA （北米自由貿易協定）	1994年発足…アメリカ・カナダ・メキシコ（3か国） 2018年「米国・メキシコ・カナダ協定（USMCA）」合意 2020年7月、USMCA発行により効力を失う
MERCOSUR （南米南部共同市場）	1995年発足（6か国） 域内関税の撤廃と域外共通関税（関税同盟）の実施
AFTA （ASEAN 自由貿易地域）	1993年発足…ASEAN（10か国） 1994年 ARF（ASEAN地域フォーラム）創設 2015年 AEC（ASEAN経済共同体）発足
APEC （アジア太平洋経済 協力会議）	1989年 オーストラリアのホーク首相の提唱で「開かれた地域主義」をスローガンに開催。21の国と地域からなる

3 その他の経済統合

- TPP（環太平洋経済連携協定）11か国（環太平洋地域の国々）による包括的な広域経済連携協定
- RCEP（東アジア地域包括的経済連携）ASEAN10か国＋日中韓等6か国が交渉に参加する広域経済連携

次の文の正誤を○×で答えなさい。

1 欧州共同体（EC）は、域内の非関税障壁を撤廃し、ヒト、モノ、サービス、カネの自由な移動を実現する市場統合を達成し、さらにマーストリヒト条約をうけ、市場統合化を強化し、政治的統合をも含む欧州連合（EU）へ発展した。

○

2 北米自由貿易協定（NAFTA）は、アメリカ合衆国、カナダ、メキシコの3国が、EUに対抗するために、経済統合を目指して設立したものである。

×
NAFTAはEUのような共同市場や経済同盟を目指して設立されたものではない。

3 AFTA（ASEAN自由貿易地域）は、オーストラリア首相の提案で発足し、「開かれた地域主義」を掲げ、日本や中国も加盟している。

×
APECの説明である。

4 APEC（アジア太平洋経済協力会議）は、東南アジアの地域協力機構として結成され、経済・社会の地域協力の推進を目的としている。

×
ASEANの説明である。

5 ASEAN（東南アジア諸国連合）は1967年に、経済・社会・文化などの交流を目的にタイ、インドネシア、マレーシア、フィリピン、シンガポールの5か国で発足した。

○
現在10か国が加盟している。

6 環太平洋パートナーシップ（TPP）協定は、農林水産物、工業製品などのモノの貿易に特化し、各国の貿易の自由化やルール作りをする国際協定であり、我が国を含めた環太平洋の30か国以上の国々が合意し2018年12月に発効した。

×
TPPはモノの貿易に特化しない包括的な協定であり、アメリカの離脱で11か国が合意した（TPP11）。

12 経済思想史

1 アダム=スミスは自由放任主義を主張した。

2 ケインズは政府の積極的な介入の必要性を説いた。

3 新自由主義は「小さな政府」への回帰を主張した。

1 資本主義経済の成立と発展

16〜18C前半	商業資本主義	①重商主義:トマス=マン絶対王政期の経済思想 ②重農主義:ケネー(『経済表』1758)重商主義批判
18C後半〜19C前半	産業資本主義	古典派経済学 ➡アダム=スミス(『国富論』1776年):経済学の父・重商主義批判・自由放任主義(レッセ・フェール) ➡マルサス(『人口論』) ➡リカード「比較生産費説」…自由貿易⇄リスト…保護貿易

2 資本主義の修正と社会主義経済

19C後半〜20C前半	独占資本主義	マルクス経済学 ➡マルクス(『資本論』『共産党宣言』エンゲルスと共著) ➡レーニン(『帝国主義論』)1917年のロシア革命を指導
20C	修正資本主義	ケインズ経済学 ➡ケインズ(『雇用・利子および貨幣の一般理論』1936) 「有効需要の原理」アメリカのニューディール政策を理論的に支えた

3 新自由主義の台頭

20C後半〜現代	新自由主義	反ケインズ主義 **マネタリスト**(M.フリードマンら) ケインズの裁量的な経済政策(長期的)を否定。k%ルール **合理的期待形成学派**(ルーカス、サージェント、バローら) ケインズの裁量的な経済政策(短期的・長期的)を否定 **サプライサイド経済学**(フェルドシュタイン、ラッファーら) 経済の供給(生産)面を重視(減税政策・規制緩和)

次の文の正誤を○×で答えなさい。

1 ケネーは、『経済表』で重農主義を批判し、重商主義による自由貿易を主張した。

×
重農主義を主張。

2 アダム＝スミスは、各人が自由な経済活動を行う限り、社会の調和は神の「見えざる手」によって導かれて、社会全体の福祉が増進すると説いた。

○
自由放任主義を主張。

3 『資本論』を著したケインズは、資本家階級による労働者階級の「搾取」が資本主義経済の根底にあると論じ、資本主義体制は打倒されるべきであると主張した。

×
マルクスが『資本論』で主張した内容である。

4 ケインズは、有効需要の大きさが供給量を決定するとし、政府の積極的な介入の必要性を説いた。

○

5 ニューディール政策とは、恐慌対策として、1930年代にアメリカのルーズベルト大統領によりとられた、公共事業を盛んにするなどの経済政策であり、「小さな政府」を目指したものである。

×
ケインズ理論に基づいており、「大きな政府」を目指している。

6 マネタリズムは、経済活動のうち需要面より供給面を重視し、企業活動に対する減税や政府の規制緩和によって民間部門の生産力を向上させようとする考え方である。

×
サプライサイド経済学の説明である。

7 合理的期待形成学派は、ケインズの裁量的な経済政策について短期的には有効性を認めるが、長期的には否定している。

×
短期的にも長期的にもケインズの裁量的な経済政策を否定。

効率よく合格ラインを突破するには

　公務員教養試験の合格ラインは約6割といわれています。さらに、問題を難易度別にAランク（基本問題）、Bランク（応用問題）、Cランク（難問）に分けると、多くの試験は出題数の7割をAランクの問題が占め、残り3割がBランクとCランクの問題で構成されています。

　公務員試験の場合、配点は一律なので、Aランクの問題を10問正解しても、Cランクの問題を10問正解しても点数は同じです。つまり、効率よく合格ラインを突破するには、難しい問題に手を広げず、正答率の高い基本問題を確実に取ることを意識しましょう。

　では、Aランクの問題を確実に取るにはどのような勉強法が効果的でしょうか。ポイントはふたつです。

　ひとつ目は「すぐに3回転」です。人間の脳は、同じことを3回繰り返すと大事なことだと認識し、記憶が定着しやすくなるといわれています。ですので、今日解いた問題を翌日、翌々日も解いてみましょう。確実に解ける問題が増えていくはずです。

　ふたつ目は「視点を変える」です。3回転学習する際、1回転目は正解選択肢を正確に覚え、2回転目以降は、正解選択肢だけでなく不正解の選択肢について、どこが間違っているのか、どこを変えたら正解選択肢になるかも考えてみましょう。そうすることで基礎知識同士が組み合わさり、より難しい問題にも対応できるようになります。基礎を反復学習することは、応用力アップにも結びつくのです。

第2章

★

人文科学

01 黎明～飛鳥・奈良時代

1 古墳の巨大化は大和政権の確立を象徴する。
2 飛鳥時代から、大王中心の中央集権が試みられた。
3 奈良時代に仏教を中心とする律令国家が成立した。

1 古墳の造営は4世紀以後に進み、5世紀には巨大な古墳が出現した。最大規模の**仁徳天皇陵**は大和政権の成立を象徴する。大和政権は屯倉を経済的基盤として朝鮮半島に進出するが、6世紀に新羅に攻撃されて、拠点である任那を喪失した。

2 **推古天皇**の下で、**聖徳太子**（厩戸王）が摂政として中央集権を促進する。蘇我氏は**乙巳の変**で打倒され、律令国家の形成が進んだ（**大化の改新**）。701年には**大宝律令**が制定された。

3 **公地公民制**が施行され、**班田収授法**（口分田を6歳以上の男女に支給）に立脚した**租庸調**により財源を確保。政治では太政官の下に、**八省一台**が設置され、地方制度も整備された。

● 主要な天皇の事績

推古天皇	聖徳太子が十七条憲法を制定し、遣隋使を派遣。
天智天皇	近江令（日本最初の令）と庚午年籍（日本最初の戸籍）の整備。
天武天皇	八色の姓制定。薬師寺の建立。飛鳥浄御原令の編纂。
持統天皇	藤原京を建設し、飛鳥浄御原令を施行。
聖武天皇	墾田永年私財法により初期荘園成立。 東北に多賀城を建設し、国分寺や東大寺大仏を造立。

● 対外紛争と国内の抗争

磐井の乱	新羅と連合した筑紫の国造磐井の反乱。
蘇我氏の台頭	崇仏派の蘇我氏は排仏派の物部氏を打倒。
白村江の戦い	663年に日本・旧百済連合軍は唐・新羅連合軍に敗北。
奈良時代の抗争	藤原四子が長屋王を打倒。のち、道鏡が藤原仲麻呂を倒し、孝謙太上天皇の下で実権を掌握。

次の文の正誤を○×で答えなさい。

1 筑紫国造磐井は百済と結んで九州で反乱を起こし、大和政権の朝鮮への派兵を阻止した。

× 百済➡新羅

2 飛鳥時代の初期に、排仏派の蘇我氏が崇仏派の物部氏を打倒し政権を掌握した。

× 崇仏派と排仏派が逆。

3 推古天皇の時代に、摂政の聖徳太子は遣唐使を派遣した。

× 遣唐使➡遣隋使

4 645年の乙巳の変により蘇我氏が打倒され、律令国家の建設期に入った。

○

5 天武天皇の時代に、従来の氏姓制度を改めるため、冠位十二階の制が施行された。

× 冠位十二階の制➡八色の姓

6 律令国家では太政官の下に八省一台が置かれたが、地方制度の整備は進まなかった。

× 地方制度は整備された。

7 班田収受法は6歳以上の男女に土地を支給するもので、財源の確保が目的であった。

○

8 663年の白村江の戦いでは、唐・新羅の連合軍に日本・旧百済の連合軍が敗北した。

○

9 天武天皇が制定した庚午年籍は日本で最初の戸籍である。

× 天武天皇➡天智天皇

10 墾田永年私財法により私有地が拡大したのは、嵯峨天皇の時代である。

× 嵯峨天皇➡聖武天皇

11 道鏡は藤原仲麻呂を敗死させ、孝謙太上天皇の下で実権を握った。

○

81

1 桓武天皇による律令体制の刷新は不完全に終わった。
2 朝廷の実権は、藤原氏の摂関政治から院政に移行した。
3 天皇と上皇の争いが朝廷を失墜させ平氏政権が誕生した。

1 桓武天皇は平安京に遷都し、律令体制の刷新のため班田制の励行、健児の制、勘解由使の設置を促進した。蝦夷鎮定では坂上田村麻呂を征夷大将軍に任じて胆沢城を建設し、鎮守府を移転させた。しかし、班田制の崩壊を止めることはできなかった。

2 藤原氏は他氏を排斥し、11世紀の道長、頼通（平等院鳳凰堂建立）の時代に摂関政治は最盛期を迎えた。その権力の背景には有力農民である田堵が開発領主として所領を中央貴族に献上した寄進地系荘園の存在があった。後の後三条天皇は記録荘園券契所を設置して延久の荘園整理令を出し、結果、摂関家の力は急速に低下した。次の白河上皇の院政では、源平中心の北面の武士により有力寺院に対抗した。

3 院政は天皇と上皇の対立を招き、保元の乱で後白河天皇が崇徳上皇に勝利した。天皇方の平清盛と源義朝は次の平治の乱で激突し、勝利した清盛は史上初の武家政権を樹立した。清盛は大輪田泊を修築し、日宋貿易での利益の独占に成功した。

● 藤原氏の他氏排斥

薬子の変	藤原冬嗣が蔵人頭に就任し、藤原北家が台頭。
応天門の変	藤原良房が人臣で最初の摂政に就任した後、伴善男を排斥。
昌泰の変	藤原時平が菅原道真を大宰府に追放。
安和の変	源高明が左遷され、これに関係した藤原実頼以降に摂関政治が確立。

次の文の正誤を○×で答えなさい。

1 桓武天皇は平安京に遷都し、班田制を励行し郡司の子弟による健児の制を創設した。

○

2 桓武天皇は、9世紀の前半には坂上田村麻呂に多賀城を建設させ蝦夷鎮定事業を進めた。

×
多賀城➡胆沢城

3 藤原基経は、最初の人臣摂政となり、866年の応天門の変で伴善男を失脚させた。

×
藤原基経➡藤原良房

4 安和の変では、菅原道真が左遷された。

×
菅原道真➡源高明

5 10世紀前半、平将門は関東一円を占領して新皇と称したが、平貞盛と藤原秀郷に敗れた。

○

6 国風文化では藤原道長が建立した平等院鳳凰堂の阿弥陀如来像が有名である。

×
藤原道長➡藤原頼通

7 摂関政治は11世紀の藤原道長・頼通の時に最盛期を迎えた。

○

8 延久の荘園整理令を出した後三条天皇の後、白河上皇は史上初めて院政を開始した。

○

9 1156年の保元の乱では、崇徳上皇が平清盛や源義朝と結び、後白河天皇方を破った。

×
崇徳上皇と後白河天皇が逆。

10 平治の乱は平清盛と源義朝の争いで、清盛が義朝を倒した。

○

11 平清盛は大輪田泊を修築し、日宋貿易を行って利益を独占した。

○

03 鎌倉幕府の成立と衰退

> 1 初めての本格的な武家政権として鎌倉幕府が成立した。
> 2 幕府内部では北条氏が台頭し執権政治を行った。
> 3 元寇を機に御家人が困窮し幕府への不満が高まった。

1 1192年に源頼朝が征夷大将軍になり鎌倉幕府を開いた。将軍と御家人（鎌倉以外に居住）は御恩と奉公の関係で結合し、当初は朝廷と幕府の二重支配であった。幕府は中央に侍所、政所、問注所を設置し、地方では諸国に守護、荘園には地頭を置いた。

2 北条時政は2代将軍頼家を廃して実権を握り、その地位は義時に継承されて執権と呼ばれた。西面の武士を置いて軍事力を強化した後鳥羽上皇は、義時追討の兵を挙げたが敗北した（承久の乱）。執権政治は泰時と孫の時頼の時代に確立した。

3 元朝はフビライ＝ハンの時に2度にわたり博多湾に襲来した（元寇）。北条時宗は文永の役後に異国警固番役を課し博多湾岸に石塁を築き、弘安の役では防御した。元寇の結果、御家人は困窮し、1297年に永仁の徳政令が出されたが失敗に終わった。

● 歴代の主要な執権一覧

北条時政	2代将軍頼家を排除し、執権政治を開始。
北条義時	和田義盛を討伐。承久の乱で後鳥羽上皇に勝利し、幕府の支配権を全国に拡大。
北条泰時	武家の最初の体系的法典として御成敗式目（貞永式目）を制定。政務機関として評定衆を置き、御家人による合議制を確立。
北条時頼	三浦泰村を討伐。訴訟専門機関の引付衆を設置。
北条時宗	元寇（文永の役、弘安の役）に対処。後に、博多に鎮西探題を設置。得宗家（北条氏嫡流）の勢力が拡大。
北条貞時	霜月騒動で有力御家人の安達泰盛を打倒し実権を握った御内人の平頼綱を、後に討伐。得宗専制確立。

次の文の正誤を○×で答えなさい。

1 鎌倉幕府は、中央に侍所、政所、問注所を、地方には守護と地頭を設置した。

○

2 鎌倉殿（将軍）と御家人は御恩と奉公の関係で結ばれた。一方で幕府は御家人の鎌倉居住策を進め、兵農分離を実現させた。

×
御家人は鎌倉以外に居住。

3 鎌倉幕府は、当初から朝廷を排除した全国の一元支配に成功した。

×
当初は朝廷との二元支配。

4 後鳥羽上皇は、北面の武士を置いて軍事力を強化し北条義時追討の兵を挙げたが敗北した。

×
北面の武士➡西面の武士

5 北条泰時は、政務に優れた者を評定衆として合議制の政治を開始した。

○

6 泰時による御成敗式目は、武家法として最初の体系的な法典であった。

○

7 北条時頼は和田義盛を滅ぼし、一方で引付衆を設置して公正な裁判の確立に努めた。

×
和田義盛➡三浦泰村

8 北条時宗は、文永の役の後に九州北部の警備のための異国警固番役を整備した。

○

9 時宗は、弘安の役で元と高麗の連合軍を退けると、博多に九州探題を設置した。

×
九州探題➡鎮西探題

10 得宗家の御内人である北条高時は、有力御家人である安達泰盛を霜月騒動で打倒した。

×
北条高時➡平頼綱

04 南北朝と室町幕府

1 鎌倉幕府の滅亡後も、南北朝の対立で動乱は継続した。
2 足利義満により幕政が安定したが、応仁の乱以降戦国時代に突入した。
3 勘合貿易や南蛮貿易の隆盛で、商業が繁栄した。

1 後醍醐天皇の建武の新政はわずか2年で瓦解する。原因として武家の知行権の保証の不十分さへの不満があった。後に、足利尊氏が反旗を翻して室町幕府を創設し、南北朝の動乱に突入した。一方で、北朝側も観応の擾乱で分裂状態となった。

2 1392年に3代将軍足利義満が南北朝を合一し、幕政は三管領（細川、斯波、畠山の3氏）を中心に安定した。8代将軍義政の時には将軍家の継嗣問題から応仁の乱が勃発し、西軍の山名持豊と東軍の細川勝元が争った。結果、戦国大名が出現した。

3 義満は日明貿易（勘合貿易）を朝貢形式で行った。朝鮮との通信符貿易も始まるが、李氏朝鮮は1419年に倭寇の本拠とみなして対馬を襲撃した（応永の外寇）。戦国時代、商工業者は楽市・楽座の下で自由な商取引を行い、門前町や寺内町が栄えた。鉄砲とキリスト教は戦国時代に伝来し、ポルトガルやスペインとの南蛮貿易も栄えた。

● 主要な土一揆

正長の土一揆	1428年に勃発。徳政を要求した初めての土民蜂起。金融業者の土倉を襲撃。応仁の乱（1467年）より前の時代に勃発。
嘉吉の土一揆	赤松満祐が6代将軍足利義教を暗殺した嘉吉の変を契機に1441年に勃発。幕府は徳政令を発布。
山城の国一揆	1485年に勃発。南山城の国人（土着の武士）や土民が蜂起。
加賀の一向一揆	1488年に勃発。本願寺門徒の農民が中心。約1世紀に渡り自治支配を行う。一向宗の蓮如の布教がきっかけとなっている。

次の文の正誤を○×で答えなさい。

1 後醍醐天皇の建武の新政に対して、武家に薄い恩賞への不満が高まった。そのため足利尊氏が背き、南北朝の動乱となった。

○

2 後に、北朝側でも観応の擾乱が勃発し、保守派の高師直と急進派の足利直義が争った。

×
保守派と急進派が逆。

3 室町幕府は細川・斯波・畠山氏の三管領と四職を中心とする統治体制を築いた。

○

4 勘合貿易（日明貿易）は3代将軍足利義満により開始され、当初から対等な貿易であった。

×
日明貿易は対等ではなく朝貢貿易。

5 李氏朝鮮は、1419年に倭寇の根拠地とみなして隠岐を急襲した。

×
隠岐⇒対馬

6 応仁の乱が8代将軍足利義政の時に勃発し、東軍の山名持豊と西軍の細川勝元が争った。

×
東軍と西軍が逆。

7 応仁の乱後に京都で発生した正長の土一揆は、農民たちが金融業者の土倉を襲撃したものである。

×
正長の土一揆は応仁の乱よりも前。

8 蓮如の布教がきっかけとなって発生した山城の国一揆では、国人や土民が活躍した。

×
山城の国一揆⇒加賀の一向一揆

9 浄土真宗系の一向一揆は、加賀の守護を滅ぼし、1世紀にわたって支配を継続した。

○

10 室町時代には、貨幣の流通により年貢の銭納が進む一方で為替が利用され、永楽銭の流通に伴い撰銭令が公布された。

○

05 織豊政権と江戸幕府

> 1 織田信長と豊臣秀吉により、全国統一事業が完成した。
> 2 江戸幕府は大名の統制や鎖国政策で強固な基盤を確立。
> 3 幕政は文治政治に転換し「元禄の繁栄」の時代を迎えた。

1 織田信長は1560年に桶狭間の戦いで今川義元に勝利し、1573年に足利義昭を追放して室町幕府を滅ぼした。信長は楽市・楽座を実施して堺を直轄した。豊臣秀吉は1590年に全国統一を完成した。兵農分離のために刀狩りを行い、太閤検地により一地一作人の原則が確立し、荘園制は完全に崩壊した。

2 徳川家康は1600年の関ケ原の戦いで石田三成を倒し、幕府を開いた。武家諸法度は家康の命により金地院崇伝が起草して歴代で修正され、参勤交代も義務付けられた。幕府権力は3代将軍家光の時に安定し、幕府の職制の整備も行われ、1639年以降に本格的な鎖国が完成した。

3 5代将軍綱吉の時代には、新田開発の奨励や治水技術の進歩によって耕地面積が急増し、農業生産力が増大した。それを背景とした商業繁栄で綱吉は品質を落とした元禄金銀を鋳造し、儒学などの学問奨励のために湯島聖堂を開いた。

● 近世初期の対外関係のまとめ

豊臣秀吉	バテレン追放令を発動。南蛮貿易など海外貿易は奨励し朱印船貿易を開始。朝鮮に出兵したが、秀吉の死後に撤兵。
徳川家康	秀吉の開始した朱印船貿易を継承し、外国貿易を振興。糸割符制度により、輸入生糸を一括購入させた。朝鮮との国交も回復し、将軍の代替わりごとに朝鮮通信使が来日することになる。
徳川家光	1637年の島原の乱を機に1639年にポルトガル船の来航を禁止し、1641年にオランダ商館を出島に移して鎖国が完成した。以降、オランダ、中国、朝鮮とのみ国交を維持。

次の文の正誤を○×で答えなさい。

1 織田信長は、桶狭間の戦いで今川義元を倒し、1573年には室町幕府を滅ぼした。

○

2 信長は楽市・楽座を解体し、堺を直轄した。

×
解体➡奨励

3 信長の検地は強制的なもので、一地一作人の原則に基づき、荘園制は完全に崩壊した。

×
信長➡秀吉

4 豊臣秀吉はバテレン追放令を出すとともに海外貿易である南蛮貿易も禁止した。

×
南蛮貿易は奨励。

5 秀吉の2回にわたる朝鮮出兵は、秀吉の最終的な決断により撤兵が実現した。

×
秀吉の死後に撤兵。

6 徳川家康は1600年の関ケ原の戦いで石田三成を倒し、1603年に幕府を開いた。

○

7 家康は朱印船貿易を開始し、東南アジアでは多くの日本町が作られた。

×
朱印船貿易を開始したのは秀吉。

8 武家諸法度は家康の命により金地院崇伝が起草し、歴代で少しずつ修正された。

○

9 幕府の権力は3代将軍家綱の時にほぼ安定し、幕府の職制の整備も行われた。

×
家綱➡家光

10 李氏朝鮮からは、天皇の即位ごとに朝鮮通信使が来日した。

×
天皇の即位ごと➡将軍の代替わりごと

11 5代将軍の徳川綱吉は、従来の慶長金銀を改鋳し、質の良い元禄金銀を鋳造した。

×
質の良い➡質が悪い

06 三大改革の時代

> 1 農業の発展により商業など諸産業の発達が著しかった。
> 2 正徳の治や享保の改革ではデフレ的政策が促進された。
> 3 幕藩体制の動揺を背景とした幕府の改革は停滞した。

1 新田開発と技術の進歩により、17世紀後半から農業生産力が格段にアップした。それを背景として商業活動は三都（江戸、大坂、京都）を中心に活発に行われた。商工業では、従来の問屋制家内工業が19世紀には**工場制手工業**に発達した。

2 6、7代将軍家宣、家継を補佐した**新井白石**は、**正徳の治**で貨幣の質を高め**海舶互市新例**により長崎貿易を縮小した。8代将軍吉宗の**享保の改革**に始まる**三大改革**の本質は、商業資本の発達の抑制と質素・倹約を旨としたデフレ政策であった。

3 田沼意次は、株仲間を積極的に公認し、銅座、人参座などの**座**を設けて専売制を実施した。**寛政の改革**は旗本、御家人のための**棄捐令**を実施したが不評を買い、**天保の改革**も**上知令**への反対から失敗した。反面、薩摩藩や長州藩など西南諸藩では下級武士を登用して財政改革に成功し、後の**明治維新**につながった。

● 幕府の三大改革

享保の改革	18世紀前半。8代将軍吉宗。上げ米の制を実施し、足高の制で人材登用を行った。一方で、検見法に代えて定免法を実施し、相対済し令を発布。
寛政の改革	18世紀後半。老中松平定信。囲米の制で飢饉に備え、七分積金では町費を積み立て、人足寄場を設置した。棄捐令を発布。寛政異学の禁では朱子学以外の講義や研究を禁じた。
天保の改革	19世紀中期。老中水野忠邦。人返しの法や株仲間の解散を行った。しかし、江戸・大坂周辺を直轄領とする上知令は失敗に終わった。

次の文の正誤を○×で答えなさい。

1 新田開発と技術の進歩により、18世紀後半から顕著に農業生産力がアップした。

×
18世紀➡17世紀

2 商工業では、従来の問屋制家内工業が、19世紀には工場制手工業に発達した。

○

3 新井白石の海舶互市新例により、オランダとの貿易が制限され、長崎貿易が縮小された。

○

4 三大改革の目的は、商業資本の抑制と質素・倹約の実践といったインフレ政策であった。

×
インフレ政策➡デフレ政策

5 享保の改革では、上知令や従来の検見法に代えての定免法が実施された。

×
上知令➡上げ米の制

6 享保の改革での相対済し令では、金銭の貸借訴訟に関して評定所では一切受理せず、すべて当事者の相談で解決させた。

○

7 田沼意次は、株仲間の積極的な公認を行い、銅座・人参座などで専売制を実施した。

○

8 寛政の改革では、囲米の制や町中での七分積金の制が行われ、棄捐令の発布もなされた。

○

9 寛政異学の禁では、松平定信の手によってすべての洋書の輸入が禁じられた。

×
朱子学以外の講義が禁止された。

10 天保の改革では、江戸・大坂周辺を直轄領とする上知令は後に撤回を余儀なくされた。

○

07 黎明期から近世の文化

1 黎明期の文化の成立は早く、古代は仏教文化が特徴的。
2 特に国風文化や室町文化で日本の独自性が強まった。
3 近世の前半は上方、後半は江戸中心の文化であった。

1 黎明期の文化

先土器文化	群馬県の岩宿遺跡、旧石器文化
縄文文化	縄文式土器（厚手、焼成温度600～800度）、大森貝塚
弥生文化	高床倉庫、環濠集落、近畿の銅鐸、北九州の銅矛や銅戈

2 古代から中世の文化

飛鳥文化	中国・南北朝時代の影響。法隆寺が代表的
白鳳文化	薬師寺東塔や興福寺仏頭、高松塚古墳の壁画
天平文化	漢文学が盛んで六国史編集。行基の社会事業、鑑真は唐招提寺を建立
弘仁・貞観文化	密教が栄える
国風文化	894年に遣唐使廃止、かな文字の発明、寝殿造
鎌倉文化	西行『山家集』、阿仏尼『十六夜日記』、『平家物語』、慈円『愚管抄』、『吾妻鏡』
室町文化	北山文化（観阿弥・世阿弥の能）と東山文化（雪舟の水墨画、宗祇の連歌）

3 近世の文化

元禄文化 上方文化	歌舞伎（上方は世話物、江戸は荒事）、浮世草子（井原西鶴）、人形浄瑠璃（近松門左衛門『国姓爺合戦』）
化政文化 江戸文化	読本（上田秋成、曲亭馬琴）、葛飾北斎『富嶽三十六景』

次の文の正誤を○×で答えなさい。

1 縄文式土器は1000度以上の高温で焼きあげられ、厚手で黒褐色のものが多い。

×
1000度➡600～800度
1000度は弥生式。

2 弥生時代には、九州北部を中心に銅鐸、近畿地方を中心に銅矛・銅戈が使用された。

×
九州北部と近畿が逆。

3 天武天皇の時代の文化は白鳳文化と呼ばれ、興福寺仏頭や高松塚古墳壁画が代表的である。

○

4 天平文化では空也が社会事業を進め鑑真は唐招提寺を建立した。

×
空也➡行基

5 国風文化は遣唐使の廃止後に発達し、清少納言の『土佐日記』などの作品が著名である。

×
清少納言➡紀貫之

6 室町3代将軍の足利義満の下での北山文化で、義満は観阿弥・世阿弥の能を保護した。

○

7 応仁の乱後には多くの公家や文化人が地方に移住し、中央文化が地方に普及した。

○

8 上方の歌舞伎は荒事、江戸の歌舞伎は世話物を特徴とした。

×
荒事と世話物が逆。

9 元禄文化を代表する作家の井原西鶴は、御伽草子と呼ばれる庶民文学で有名である。

×
御伽草子➡浮世草子

10 人形浄瑠璃は、化政期に近松門左衛門が活躍し代表作には『国姓爺合戦』がある。

×
化政期➡元禄期

11 江戸中期には、人形浄瑠璃の竹田出雲『仮名手本忠臣蔵』が歌舞伎として演じられた。

○

08 明治維新と近代国家

1 列強勢力への警戒から、中央集権政府の確立が実現した。
2 立憲体制の確立や殖産興業が近代国家の基礎を築いた。
3 日清・日露戦争では、輝かしい勝利を収めた。

1 1853年の**ペリー来航**による翌年の**日米和親条約**の締結で、鎖国体制は崩壊した。次の**日米修好通商条約**は不平等な内容であった。**大政奉還**が行われ、**王政復古**により薩長連合を基盤に新政府が発足。1871年の**廃藩置県**で中央集権体制が実現した。

2 士族反乱は**西南戦争**で終了し、**板垣退助**らの民撰議院設立建白書により**自由民権運動**が始まった。明治14年の政変で**伊藤博文**らが国会開設の勅諭を出し、後に**大日本帝国憲法**が制定された。

3 1894年、朝鮮での**東学党の乱**を機に**日清戦争**が勃発した。**下関条約**で賠償金2億両を獲得したが、ロシア等の三国干渉を受けた。1904年に日露戦争が勃発し勝利したものの、**ポーツマス条約**では賠償金が得られず**日比谷焼打ち事件**が発生した。

● 条約改正問題の推移

井上馨外相	欧化政策を採用。外国人判事任用へ強い批判。
大隈重信外相	外国人判事任用を大審院に限る計画が失敗。
陸奥宗光外相	1894年に領事裁判権の撤廃に成功。
小村寿太郎外相	1911年に関税自主権の回復に成功。

● 中央集権実現のための政策一覧

学制発布	義務教育制度整備。国民の強い反対があった。
国立銀行条例	153の銀行が設立され、不換紙幣の発行を許されインフレを招く。後に唯一の発券銀行である日本銀行を設立。
徴兵令	20歳以上の男子による国民皆兵軍の創設。
地租改正	地価の3%が租税。農民の負担は大きかった。

次の文の正誤を○×で答えなさい。

1 1854年にペリーとの間で日米和親条約が締結されて、鎖国体制は崩壊した。

○

2 日米修好通商条約は、領事裁判権の承認や関税自主権の喪失など不平等条約であった。

○

3 フランスと結ぶ徳川慶喜の大政奉還に対し王政復古の大号令で新政府の樹立が宣言された。

○

4 国立銀行条例により多くの銀行が設立され、その後不換紙幣の発行は許可されなかった。

×
その後不換紙幣の発行は許可された。

5 地租改正では、土地所有者が金納で地価の3%を納税した。

○

6 明治14年の政変後、大久保利通を中心として国会開設の勅諭が出された。

×
大久保利通➡伊藤博文

7 条約改正において、井上馨は外国人判事を大審院に限って採用することを計画した。

×
井上馨➡大隈重信

8 陸奥宗光は領事裁判権の撤廃と税権の一部回復に成功した。

○

9 関税自主権の回復については、第一次世界大戦後に小村寿太郎外相が実現した。

×
明治の終わりに実現。

10 日清戦争後の下関条約締結後に、ロシア等は日本への三国干渉を行った。

○

11 日露戦争後のポーツマス条約では、賠償金の支払いが定められた。

×
賠償金は得られなかった。

09 大正期から昭和初期

> 1 二次にわたり政党内閣制を目指す護憲運動が展開された。
> 2 大戦景気の崩壊後、金融恐慌など恐慌の嵐に直面した。
> 3 恐慌を原因とする国際対立から対外戦争に突入した。

1 1913年に桂太郎内閣の打倒を目指し、尾崎行雄や犬養毅による第一次護憲運動が展開された。第一次世界大戦後の清浦内閣の打倒を目指した第二次護憲運動の結果、1925年に加藤高明率いる護憲三派内閣が誕生し、25歳以上の男子普通選挙を実現した。

2 第一次世界大戦後の列強の市場復帰により戦後恐慌が発生し、さらに不良債権のため金融恐慌が発生。その後、浜口内閣（蔵相井上準之助）は金輸出解禁を断行したが失敗し昭和恐慌を招いた。そこで犬養内閣の高橋是清蔵相は金輸出再禁止を行った。

3 張作霖が爆殺された満州某重大事件により満州情勢は不穏となった。1931年の柳条湖事件が発端となった満州事変の結果、満州国が建設され日満議定書が締結された。1937年には盧溝橋事件を機に日中戦争が勃発。日本の南方進出に対しアメリカはABCD包囲網（経済封鎖）で対処した。

● 大正期から昭和初期の内閣

原敬内閣	実質的には日本初の本格的な政党内閣。直接国税3円以上の25歳以上男子に選挙権を与えた。
加藤高明内閣	責任内閣制を確立し、治安維持法との抱き合わせで25歳以上の男子普通選挙を実現。
若槻礼次郎内閣	1927年の金融恐慌時に、鈴木商店への過剰融資に苦しむ台湾銀行の救済策に失敗。
田中義一内閣	モラトリアムを公布。金融恐慌を鎮める。
浜口雄幸内閣	財政緊縮や金輸出解禁を断行。ロンドン海軍軍縮条約に関し統帥権の干犯問題発生。

次の文の正誤を○×で答えなさい。

1 1913年、桂太郎内閣に対して、尾崎行雄や犬養毅は憲政擁護運動を展開した。

○

2 原敬内閣は、普通選挙の実施には慎重で、直接国税10円以上の人に選挙権を与えた。

×
10円➡3円

3 第二次護憲運動では、貴族院と官僚を中心とする田中義一内閣の打倒を目指した。

×
田中義一内閣➡清浦奎吾内閣

4 1925年に、加藤高明率いる護憲三派内閣が誕生し、25歳以上の男子普通選挙が実現した。

○

5 第一次若槻内閣は、鈴木商店への過剰融資に苦しむ安田銀行の救済策に失敗し退陣した。

×
安田銀行➡台湾銀行

6 田中義一内閣の高橋是清蔵相は、モラトリアム令の発動で金融不安を鎮静化させた。

○

7 浜口雄幸内閣は、蔵相に井上準之助を起用し、財政の緊縮・産業の合理化・国際競争力の強化のための金輸出解禁を断行した。

○

8 浜口内閣はワシントン海軍軍縮条約に調印し、統帥権の干犯として攻撃された。

×
ワシントン➡ロンドン

9 犬養内閣の幣原喜重郎蔵相は金輸出を再禁止して積極財政を実施した。

×
幣原喜重郎➡高橋是清

10 柳条湖事件により日中戦争が勃発し、満州国を承認した日本は国際連盟から脱退した。

×
日中戦争➡満州事変

10 戦後の日本

1 戦後改革の達成後、日米同盟を外交の基軸とした。
2 朝鮮特需を契機として、史上稀な経済成長を実現した。
3 冷戦後は、積極的な国際協力体制により世界平和に貢献。

1 第二次世界大戦後、徹底した**農地改革**、効率的な**財閥解体**、教育基本法での義務教育の延長などを実現。吉田内閣は**サンフランシスコ平和条約**と**日米安保条約**を締結し**日米同盟**を確立した。

2 朝鮮戦争後の、**神武景気**や**岩戸景気**、**いざなぎ景気**により高度経済成長を実現し、1968年にGNPは世界2位に躍進。一方で、繊維製品をめぐる**日米貿易摩擦**も発生した。1973年の石油危機で戦後初のマイナス成長を記録するも、1年でV字回復。

3 **中曽根内閣**は自衛力増強とナショナリズムの喚起に注力。**宮沢内閣**は湾岸戦争の影響で**PKO協力法**を制定し、カンボジアに自衛隊を派遣。**小渕内閣**は**新ガイドライン関連法**を制定した。

●戦後の主要内閣

吉田内閣	憲法の公布。ドッジ=ラインでインフレ収束。
鳩山内閣	日ソ共同宣言でソ連と国交回復。国際連合加盟。
岸内閣	日米安保条約改定。米国の日本防衛義務を明示。
池田内閣	「所得倍増計画」により高度経済成長路線へ。
佐藤内閣	1965年日韓基本条約（韓国と国交回復）。1968年小笠原諸島、1972年沖縄本土復帰。非核三原則提示。
田中内閣	1972年日中共同声明に基づき、日中国交回復。
福田内閣	日中平和友好条約の締結。
中曽根内閣	行政改革。1987年国鉄分割など三公社民営化。
竹下内閣	税率3%の消費税導入。リクルート事件発生。
細川内閣	55年体制崩壊。小選挙区比例代表並立制導入。
小泉内閣	郵政公社の民営化。国と地方の三位一体改革。

次の文の正誤を○×で答えなさい。

農地改革は徹底的なものであり、その結果、寄生地主制はほぼ一掃された。

○

吉田内閣はサンフランシスコ平和条約を締結し、翌年に日米安保条約を結んだ。

×
翌年に➡同時に

鳩山内閣は1956年に日ソ共同宣言を出してソ連との国交を回復して平和条約を結んだ。

×
平和条約は結んでいない。

日米安保条約を改定し、米国の日本防衛義務を明確化したのは岸信介内閣である。

○

池田内閣は「所得倍増計画」をスローガンに高度経済成長路線に転じた。

○

佐藤内閣は1965年に日韓基本条約を締結し、韓国との国交を回復した。

○

田中内閣は1972年に日中国交正常化を実現し、平和友好条約を締結した。

×
平和友好条約を結んだのは福田内閣。

中曽根内閣は、国鉄分割民営化をはじめとする三公社の民営化を実現した。

○

宮沢内閣はPKO協力法を成立させ、イラクに自衛隊が派遣された。

×
イラク➡カンボジア

細川内閣は非自民政権として小選挙区比例代表並立制を導入した。

○

小泉内閣は郵政公社の民営化計画を廃棄し、三位一体改革に取り組んだ。

×
廃棄➡実現

9

古代帝国の成立と発展

1 オリエント文明がギリシャ文明に影響を与えた。
2 ローマは地中海をまたぐ世界帝国となった。
3 中国では春秋・戦国の都市国家から秦、漢帝国が成立した。

1 エジプトでは碑文や墓室に**神聖文字**が刻まれ、古王国時代には ピラミッドが数多く建設された。**メソポタミア**では、**楔形文字** の考案者である**シュメール人**以来多くの王朝が成立し、特にア ッシリア王国はオリエントを最初に統一した。地中海では**クレ タ文明**から**ミケーネ文明**を経由してギリシャの都市国家が繁栄 し、ペルシャ戦争で勝利を収めた。しかし、ペロポネソス戦争 後の混乱の中で**マケドニア**が台頭した。**アレクサンドロス大王** は**ペルシャ**を倒し、インダス川に達する世界帝国を建設した。

2 ローマは、**ポエニ戦争**でカルタゴを滅ぼして地中海の覇権を獲 得した。第1回三頭政治でポンペイウスを打倒した**カエサル**は 後に暗殺され、後継者の**オクタビアヌス**が事実上の皇帝として **プリンケプス**と称した。その後五賢帝時代の**トラヤヌス帝**の時 に領域は最大となった。分裂の危機に対し**コンスタンティヌス 帝**は**キリスト教**を公認し、**コンスタンティノープル**に遷都した。 後にローマは東西に分裂し、東ローマは存続して**ビザンツ帝国** と称し**ユスティニアヌス帝**時代に最盛期を迎えた。

3 中国では最初の都市国家、殷で漢字の源流である**甲骨文字**が考 案された。**春秋・戦国時代**には、**鉄製農具**が発明され黄河流域 の開発が進んだ。最初の統一王朝が**始皇帝**の秦である。秦は急 速な郡県制の導入に失敗して短期間で滅亡した。代わって統一 に成功した**前漢**は当初は郡国制で穏健に統治し、最盛期の**武帝** は**郷挙里選**を実施して郡県制の実施に努めた。前漢は新に滅ぼ されるが、一族の劉秀が**後漢**王朝を再興して**光武帝**と称した。

次の文の正誤を○×で答えなさい。

1 楔形文字は、メソポタミア文明の初期にアッカド人によって作成された。

×
アッカド人➡シュメール人

2 エジプトでピラミッドが建設されたのは、新王国の時代である。

×
新王国➡古王国

3 エーゲ文明は、前半のクレタ文明と後半のミケーネ文明から構成される。

○

4 ギリシャ国内のペロポネソス戦争により、ギリシャは混乱しペルシャに制圧された。

×
ペルシャ➡マケドニア

5 ペルシャを滅ぼしたアレクサンドロス大王は、ガンジス川流域にまで進出した。

×
ガンジス川➡インダス川

6 都市国家ローマは、ポエニ戦争でカルタゴを滅ぼし西地中海を制圧した。

○

7 オクタビアヌスは事実上初代の皇帝に就き、プリンケプスと称した。

○

8 始皇帝の秦王朝は、周の時代の封建制に代わって、郡国制を採用した。

×
郡国制➡郡県制

9 前漢の武帝は官吏の採用のため九品中正法を実施した。

×
九品中正法➡郷挙里選

10 ローマの五賢帝時代には、ハドリアヌス帝の時にローマの領域が最大規模に達した。

×
ハドリアヌス帝➡トラヤヌス帝

11 コンスタンティヌス帝は、コンスタンティノープルに遷都した。

○

02 西欧・イスラム・中国

1 西欧中世は、封建社会から中央集権に向かった。
2 イスラム圏は、イスラム帝国成立後、拡大・分裂した。
3 中国は、大分裂から東アジア文化圏の成立に向かった。

1 西ローマ帝国滅亡後の混乱を収拾した**フランク王国**は後に**メルセン条約**で分裂し、西欧は荘園を基盤とする封建社会に変化した。**聖職叙任権闘争**に勝利した**グレゴリウス7世**以降はローマ教皇権が優勢となった。ビザンツ救援のためクレルモンで**ウルバヌス2世**が提唱した**十字軍**は、第4回ではヴェネチア商人の策謀でビザンツを一時滅亡させ、結果的に失敗した。十字軍の失敗は教皇権の低下と国王権力の増大をもたらした。

2 7世紀に、ユダヤ教・キリスト教の影響で、**ムハンマド**が**イスラム教**を創始した。ムハンマドは**メッカ**から**メディナ**へ移り、教団国家が成立した。イスラム教はアラビア語の**コーラン**を聖典として、改宗を強制せず、後にイスラム帝国の**アッバース朝**に発展した。以後イスラム圏は拡大・分裂した。

3 後漢の後、**三国**や**南北朝**分立から、隋が中国を統一した。隋は**科挙制**を開始し大運河を建設したが衰退した。唐の太宗は**三省六部**を整備して租庸調や**府兵制**を導入した。玄宗の開元の治の後は、**安史の乱**を機に制度が変容し、**両税法**や**募兵制**が成立した。次の**北宋**は科挙に**殿試**を導入し、北方民族の台頭に歳幣政策で対応した。江南の開発も進み、商業都市が繁栄する。

● フランク王国の主要人物

カール＝マルテル	トゥール・ポワティエ間の戦いでウマイヤ朝に勝利。
カール大帝	800年ローマ皇帝戴冠、西欧世界の成立。
オットー1世	962年神聖ローマ帝国初代皇帝となる。

次の文の正誤を○×で答えなさい。

1 732年のトゥール・ポワティエ間の戦いでカール=マルテル率いるフランク軍はかろうじてウマイヤ朝の攻勢をしのいだ。

○

2 962年に東フランクのオットー1世がローマの帝冠を受け、神聖ローマ帝国が成立した。

○

3 教皇インノケンティウス3世は1095年にクレルモンの公会議で十字軍派遣を提唱した。

×
提唱者はウルバヌス2世。

4 第4回十字軍は、フィレンツェ商人の要求の下に、ビザンツ帝国を占領した。

×
フィレンツェ➡ヴェネチア

5 十字軍の失敗により国王の権威は低下し、教皇の権力が増大した。

×
国王と教皇が逆。

6 中世封建社会では、国王は官僚制と常備軍を整えて、中央集権的な政治体制を確立した。

×
中世封建社会➡絶対王政

7 イスラム教は、622年のメディナからメッカへの聖遷以来、急速に発展した。

×
メッカからメディナに移動。

8 イスラム帝国は一般的に、征服地の他の宗教に対して寛容であった。

○

9 科挙を開始し、大運河の建設を行った王朝は隋王朝である。

○

10 唐の制度は、両税法・募兵制から租庸調・府兵制に変容した。

×
両税法・募兵制へと変容。

03 中華・イスラム両帝国

1 13世紀のモンゴル帝国は後のユーラシア諸帝国に影響。
2 15世紀から18世紀は明・清による中華帝国の時代。
3 17世紀前後はイスラム三帝国繁栄の「三日月の世紀」。

1 チンギス＝ハンの建国後、後継者のオゴタイ＝ハンは金を打倒し、バトゥはヨーロッパ遠征で欧州諸侯軍をワールシュタットの戦いで撃破した。フビライ＝ハンの時に国号を元とし、大都へ遷都しイスラム世界の一部も支配。元はモンゴル人第一主義をとり中国文化の排除や科挙の一時中断を実行した。後にラマ教保護の為に交鈔を乱発し、紅巾の乱で滅亡する。

2 朱元璋は江南から明を建国し、洪武帝と称した。永楽帝の時代に、宦官の鄭和による南海遠征が行われた。明は一条鞭法により土地税と丁税の銀納化を実施した。後に李自成の乱により滅亡。満州系女真族は満州独自の八旗兵により中国を支配。康熙帝は三藩の乱を鎮圧し、辮髪令公布、満漢偶数官制を実施し最盛期の端緒となった。雍正帝の代には地丁銀制を実施した。

3 オスマン＝トルコは1453年にメフメト2世がビザンツ帝国を滅ぼし、最盛期のスレイマン1世はスペインを1538年にプレヴェザの海戦で打破した。イランのサファヴィー朝の最盛期はアッバース1世の時代であり、首都のイスファハンは『世界の半分』と称せられた。ムガール帝国の最盛期のアクバル大帝はヒンズー教徒と融和し、中央集権的機構を整備した。

● 中華帝国の対外交流

元	東西交通路の整備→『東方見聞録』（マルコ＝ポーロ）
明	大航海時代の発展→『坤輿万国全図』（世界地図・マテオ＝リッチ）
清	バロックの影響→円明園の設計（カスティリオーネ）

次の文の正誤を○×で答えなさい。

1 モンゴル帝国の建国者であるチンギス＝ハンは、金王朝を滅ぼした。

×
金王朝を滅ぼしたのはオゴタイ＝ハン。

2 元は民族協和の立場から、中国文化の尊重策を採用した。

×
モンゴル第一主義をとって中国文化を排除した。

3 東西交通路の整備に伴い、『東方見聞録』で著名なイブン＝バトゥータも来朝した。

×
イブン＝バトゥータ
➡マルコ＝ポーロ

4 洪武帝の時代に、宦官の鄭和による南海遠征が行われた。

×
洪武帝➡永楽帝

5 明は一条鞭法により土地税と丁税の銀納化を実施した。

○

6 大航海時代の発展に伴い多くの宣教師が来朝し、マテオ＝リッチは世界地図である『坤輿万国全図』を紹介した。

○

7 トルコ系の女真族は、トルコ独自の八旗兵と緑営により中国内地を支配した。

×
トルコ系➡満州系

8 康熙帝は三藩の乱を鎮圧し、辮髪令公布、満漢偶数官制を実施して最盛期の端緒となった。

○

9 オスマン＝トルコのメフメト2世は、1453年にビザンツ帝国を滅ぼした。

○

10 ムガール帝国の最盛期のアクバルは、ヒンズー教徒に対する弾圧策を実施した。

×
弾圧策➡懐柔策

04 ヨーロッパ近代の成立

> 1 ルネッサンスにはイスラム世界が多大な影響を与えた。
> 2 オスマン＝トルコの台頭が大航海時代を導いた。
> 3 宗教改革は、絶対王政と資本主義の精神につながった。

1 **ルネッサンス**は古代ギリシャ・ローマ文化の復興を目指す動きである。政治運動としての色彩はない。イスラム世界ではギリシャの古典文化が保存されており、その影響が大きい。

2 ヨーロッパでは、医療用や肉調味料としての**香辛料**への需要が高かった。香辛料の産地は東インドのモルッカ諸島に限定されていたが、**オスマン＝トルコ**の台頭で東方貿易が干渉を受け、地中海を経由しないアジアへの直接的な航海の必要性が生じた。

3 イスラム世界からの**原始キリスト教**の信仰と聖書の原典の流入は、ヨーロッパ中世を支配したカトリック教会への不信感を増大させた。カトリック教会への批判は主権国家としての**絶対王政**の成立と**カルヴァン**による**資本主義の精神**の成立に結実した。

● ルネッサンス、大航海時代、宗教改革の特色

ルネッサンス	イタリアのフィレンツェから開始。先駆けはトスカナ方言で書かれたダンテの『神曲』。ルネッサンスはローマ教皇や貴族、あるいはフィレンツェのメディチ家の厚い支持を獲得。代表的建造物はローマのサンピエトロ寺院。
大航海時代	ヴァスコ＝ダ＝ガマがインドのカリカットに到達し、後にポルトガルはゴアに総督府を置いた。 スペインは新大陸のアステカ王国とインカ帝国を滅ぼす。結果、商業革命で貿易の中心が大西洋へ移り、価格革命で新大陸からの銀の流入で物価高騰が起きた。
宗教改革	ルターは95か条の論題で教皇レオ10世の免罪符を批判したが、ドイツ農民戦争には反対。カルヴァンは「予定説」で蓄財の正当性を承認した。イギリスではエリザベス1世が国教会確立。トリエントの公会議は教皇の至上権を確認。フランスのユグノー戦争はアンリ4世によるナントの勅令の発布で終息した。

次の文の正誤を○×で答えなさい。

1 ルネッサンスはイタリアのヴェネツィアから始まった。

× ヴェネツィア➡フィレンツェ

2 ルネッサンスは政治の革新運動であり、古代ギリシャ・ローマ文化の復活を目的とした。

× 政治は無関係。

3 ルネッサンス運動はローマ教皇や貴族の幅広い支持を獲得した。

○

4 大航海時代の背景として、オスマン＝トルコが東方貿易に介入したことが挙げられる。

○

5 ヴァスコ＝ダ＝ガマはカリカットに到着し、後にそこに総督府が設置された。

× 総督府はゴアに設置。

6 大航海時代によって、世界商業の中心が地中海に移動した。これを商業革命と呼ぶ。

× 地中海➡大西洋

7 価格革命とは、新大陸から大量の銀が流入したことによる物価高騰をいう。

○

8 ルターは教皇レオ10世の免罪符販売を批判し、ドイツ農民戦争も非難した。

○

9 カルヴァンは「予定説」で勤労の精神を説き、その結果としての蓄財の正当性を認めた。

○

10 イギリスの宗教改革では、ヘンリー8世は統一法に基づいて国教会を確立した。

× ヘンリー8世➡エリザベス1世

11 ユグノー戦争は、ルイ13世がカトリックに改宗し、ナントの勅令を発布して終息した。

× ルイ13世➡アンリ4世

> 1 絶対王政は官僚制と重商主義による主権国家の源流。
> 2 「オランダの世紀」を経由し英仏の対立に向かった。
> 3 ドイツではプロイセンとオーストリアの対立が激化。

1 絶対王政下では、国王は傭兵による常備軍と官僚制を整備した。さらに重商主義で富の蓄積が推進された。スペインではフェリペ2世の時代に最盛期を迎えた。しかし、ネーデルラントの独立や、新大陸での銀の生産減少に伴い衰退に向かった。

2 ユトレヒト同盟により独立したネーデルラント北部（オランダ）は、ジャワ島のバタヴィアを拠点に東インド会社を設立して繁栄した。17世紀は「オランダの世紀」と呼ばれたが、英蘭戦争の敗北で衰退した。その後、英仏が北米とインドの覇権をめぐって対立し、イギリスが最終的に勝利を収めた。

3 17世紀以来分裂の続くドイツでは、プロイセンのフリードリヒ2世が地主貴族ユンカーを基盤に絶対主義を確立した。彼はオーストリア大公のマリア＝テレジアと最終的に7年戦争で対決して勝利を収め、シュレジエンの支配に成功した。

●絶対王政でのスペイン・イギリス・フランス・ロシアの代表的君主

スペイン フェリペ2世	1571年のレパントの海戦でオスマン＝トルコに勝利。オランダの独立に際し、スペインの無敵艦隊はイギリスに敗北。
イギリス エリザベス1世	強力な常備軍を前提とせず、地方の大地主階級のジェントリーの協力で王権を強化。1600年に東インド会社を設立。
フランス ルイ14世	幼少時はマザランの補佐、成人後はコルベール蔵相を用いて商工業の保護育成と貿易振興に努めた。バロック式のヴェルサイユ宮殿で著名。
ロシア ①ピョートル大帝 ②エカチェリーナ 2世	①北方戦争でスウェーデンを破りバルト海へ進出。西欧化政策を推進し、清朝とネルチンスク条約を結んだ。②オスマン＝トルコを圧迫して黒海に進出し、一方で農奴制の強化に努めた。

次の文の正誤を○×で答えなさい。

絶対王政の下で、国王は全国的な徴兵制を採用し、一方で官僚制を活用した。

×
徴兵制➡傭兵制

フェリペ2世は1571年にレパントの海戦で、オスマン＝トルコの艦隊に勝利した。

○

スペインの無敵艦隊は、1588年にイギリス艦隊を打ち破った。

×
無敵艦隊は敗北した。

イギリスのエリザベス1世は、1603年に東インド会社を設立した。

×
1603年➡1600年

ネーデルラントは、北部7州がハンザ同盟を結んでスペインから独立した。

×
ハンザ➡ユトレヒト

独立したオランダは、ジャワ島のバタヴィアを拠点に東インド会社を設立した。

○

ルイ14世は、成人後はコルベール蔵相を用いて商工業の育成と貿易振興に努めた。

○

イギリスは、18世紀半ばにフランスとの北米・インドをめぐる抗争に勝利した。

○

オーストリアのフリードリヒ2世は7年戦争でプロイセンと対決して敗北した。

×
フリードリヒ2世➡
マリア＝テレジア

17世紀末～18世紀のピョートル大帝は、北方戦争でポーランドを破った。

×
ポーランド➡スウェーデン

18世紀のエカチェリーナ2世は農奴制の強化に努めた。

○

社会科学

人文科学

自然科学

世界史

06 大西洋革命と国民国家

> 1 英の産業革命、米仏市民革命は大西洋革命と呼ばれる。
>
> 2 産業革命は資本主義、市民革命は国民国家を生み出す。
>
> 3 19世紀は、資本主義と国民国家の確立期であった。

1 市民革命を経て、18世紀後半イギリスは世界に先駆け、綿工業を中心に産業革命を達成した。またロックの影響で米独立革命が、アンシャンレジームへの反発からフランス革命が勃発する。

2 イギリスの産業革命により資本主義と自由貿易が発展した。一方、急進化したフランス革命への干渉戦争に対し、フランスのナポレオンは一時的に欧州全域を軍事的に制覇した。しかしロシア遠征の失敗やワーテルローの戦いでの敗北で失脚した。

3 ウィーン会議ではタレーランの正統主義が承認された。ウィーン体制はやがてギリシャやラテンアメリカの独立、フランスの7月革命で揺さぶられ、1848年の2月革命で完全に崩壊した。以降、イタリアではサルディニア王国を中心として、アメリカでは保護貿易を主張する北部が勝利した南北戦争を契機として、国民国家が成立した。

● 英米仏の市民革命の状況

英 17世紀 ①ピューリタン革命 ②名誉革命	①クロムウェルがチャールズ1世を処刑。 ②メアリ2世とウィリアム3世は1689年に『権利宣言』を承認し、後に『権利章典』として成文化された。
米 18世紀 アメリカ独立革命	トマス=ペインの『コモン=センス』も影響。独立戦争はレキシントンの戦いに始まり、ヨークタウンの戦いで終結しパリ条約で独立承認。
仏 18世紀 フランス革命	第一・第二身分の聖職者・貴族は三部会の招集を要求➡国民議会が分離➡1791年憲法により立法議会が招集➡ジャコバン派が台頭し国民公会が成立➡ロベスピエールの恐怖政治はテルミドールのクーデターで打倒される➡成立した総裁政府は後にナポレオンが打倒する。

次の文の正誤を○×で答えなさい。

1 ピューリタン革命では、クロムウェルが国教会に立脚するチャールズ1世を処刑した。

○

2 名誉革命でジェームズ2世が承認した『権利宣言』は、後に『権利章典』として成文化された。

×
ジェームズ2世➡メアリ2世とウィリアム3世

3 アメリカ独立革命では、トマス＝ペインの『コモン＝センス』が独立の気運を高めた。

○

4 アメリカの独立は1783年のロンドン条約で承認された。

×
ロンドン➡パリ

5 フランスの特権階級は、国民公会の召集を要求した。

×
国民公会➡三部会

6 ナポレオンは1799年に統領政府を打倒し、権力を掌握した。

×
打倒したのは総裁政府。

7 ナポレオンは、1815年のワーテルローの戦いで勝利した。

×
イギリス軍に敗北。

8 ウィーン会議ではフランスのタレーランの正統主義が承認された。

○

9 イギリスは世界に先駆け、毛織物工業を中心に産業革命を果たした。

×
毛織物➡綿

10 南北戦争では、自由貿易を主張する北部と保護貿易を主張する南部とが激突した。

×
北部と南部が逆。

07 帝国主義と第一次大戦

> 1 国内の独占資本の対外進出が帝国主義である。
> 2 イギリスの3C政策とドイツの3B政策の対立が深刻化。
> 3 第一次世界大戦は史上初の総力戦であった。

1 **イギリス**は**スエズ運河会社株**を取得する一方、インドのムガール帝国を滅ぼし、**インド帝国**を成立させた。**ドイツ帝国**は保護関税政策を推進した。**アメリカ**では独占資本の**トラスト**が横行し、**フランス**はアルジェリアから**アフリカ横断政策**を開始しイギリスの縦断政策と対立した。

2 帝国主義は、1873年のイギリスから始まる大不況を契機に拡大した。イギリスは**カイロ**、**ケープタウン**、**カルカッタ**を結ぶ3C政策、ドイツは**ベルリン**、**ビザンティウム**（イスタンブール）、**バグダート**を結ぶ3B政策を促進し、両国の対立が深まった。

3 **三国協商**（英、仏、露）と**三国同盟**（独、墺、伊）の対立や、バルカン半島での**オーストリアとセルビアの対立**による**サラエボ事件**を契機に世界大戦が勃発した。西部戦線での英仏と独の戦闘は**マルヌ**や**ヴェルダン攻防戦**を経て膠着戦に入った。

● 19世紀後半から第一次世界大戦までの国際状況

アフリカ分割	アフリカ分割の先駆けは、ベルギーのコンゴ支配の承認。結果、20世紀初頭の独立国はエチオピアとリベリアのみ。
イギリス	南アフリカで、オランダ系移民の子孫であるブール人の国を征服し、アフリカ縦断政策を促進。インドではベンガル分割令によりヒンズー教徒とイスラム教徒との反目を激化させた。
ドイツ	プロイセンはビスマルクの鉄血政策により、1871年に普仏戦争で勝利し、ヴェルサイユ宮殿でドイツ帝国の成立を宣言。
ロシア	クリミア戦争の敗北後の農奴解放等の改革はポーランド反乱で挫折。露土戦争での勝利も、英仏の干渉によりベルリン会議で南下に失敗。第一次世界大戦中の3月革命でロマノフ朝は崩壊し、11月革命でボリシェビキ政権が誕生。

次の文の正誤を○×で答えなさい。

社会科学

人文科学

自然科学

1 イギリスはスエズ運河の株式をフランスに売却してエジプト支配を強めた。

×
フランスに売却➡エジプトから取得

2 ロシアは露土戦争に勝利し、バルカン半島における南下を促進した。

×
南下には失敗。

3 プロイセンは普仏戦争で勝利し、ポツダムのサンスーシ宮殿でドイツ帝国成立を宣言した。

×
サンスーシ宮殿➡ヴェルサイユ宮殿

4 ドイツは国家統一後、保護関税政策を推進して急速に資本主義を発展させた。

○

5 帝国主義は、19世紀後半のイギリスでの好況を背景として、急速に拡大した。

×
好況➡不況

世界史

6 19世紀後半のアフリカ分割の結果、20世紀初頭の独立国はエチオピアのみであった。

×
リベリアも独立国。

7 イギリスは南アフリカで、フランス系移民の子孫であるブール人の国を征服した。

×
フランス系➡オランダ系

8 フランスはリビアに進出し、エジプトを支配していたイギリスと対立した。

×
リビア➡アルジェリア

9 3B政策を進めたイギリスと、3C政策を推し進めたドイツの対立は深刻であった。

×
イギリスとドイツが逆。

10 オーストリアによるボスニア併合は、セルビアの反発を招きサラエボ事件が発生した。

○

11 ヨーロッパにおける戦闘は、ヴェルダン要塞攻防戦を経て、英仏の優勢に転じた。

×
膠着戦に入った。

08 アジアの民族主義運動

1 清朝は辛亥革命で滅亡し、以降、軍閥の抗争が続いた。
2 インドの自治権拡大運動は、イギリスの弾圧で停滞した。
3 オスマン帝国滅亡後、トルコは西欧化政策に着手した。

1 清末の康有為の改革は西太后により挫折。1911年の辛亥革命により清王朝は滅亡するが、軍閥同士の抗争が続いた。第一次世界大戦中に日本は袁世凱に21カ条の要求を承認させ、それに対し五・四運動が発生した。その高まりの中で孫文の中国国民党と中国共産党が結成され、両者は提携した（第一次国共合作）。孫文の後継者、蔣介石は国民革命軍を率いて北伐に乗り出し、その途上で共産党を追放し、中国統一を完成した。

2 インドでは日露戦争の影響で国民会議のカルカッタ大会（1906年）が開催。スワデーシ（国産品愛用）、スワラージ（自治獲得）を掲げ、民族運動が高揚した。第一次世界大戦後の民族運動はローラット法の制定により弾圧された。それに対するガンジーの非暴力・不服従運動が起こる中、1929年ラホール大会でプールナ＝スワラージ（完全な独立）の決議が行われた。

3 オスマン＝トルコは大戦で敗戦国になり、セーブル条約によって大幅に領土を削減された。ケマル＝パシャはスルタン制を廃止してトルコ共和国を成立させ（1923年）、ローザンヌ条約を締結し、ローマ字の採用、太陽暦の導入等の近代化に着手した。

● 民族主義運動の推移

中国	1911年辛亥革命➡パリ講和会議で21カ条の要求の廃棄拒否➡五・四運動➡第一次国共合作➡蔣介石の国民革命➡中国統一・共産党弾圧➡1936年西安事件（張学良）➡第二次国共合作➡日中戦争
インド	ローラット法➡イギリスによる弾圧➡非暴力・不服従運動（ガンジー）
トルコ	大戦での敗北で領土がほぼ小アジアに限定。ケマル＝パシャはトルコの再建を目指しギリシャ軍を撃退し、スルタン制を廃止した。

次の文の正誤を○×で答えなさい。

1 19世紀末の清朝では康有為は西太后と結んで光緒帝を動かし、政治改革を促進した。

×
西太后と対立した。

2 1911年の辛亥革命で清王朝は滅亡するが、軍閥同士の抗争が続いた。

○

3 第一次世界大戦中に日本は、袁世凱に21カ条の要求を拒否された。

×
拒否された➡承認させた

4 蒋介石は国民革命軍を率いて北伐に乗り出し、共産党を追放し中国統一を完成した。

○

5 張学良による北京事件を契機として第二次国共合作が成立した。

×
北京➡西安

6 日露戦争の影響で、国民会議のラホール大会（1906年）では民族運動が高揚した。

×
ラホール➡カルカッタ

7 第一次世界大戦後のインドでは、ガンジーによる非暴力・不服従運動に対して、イギリスはローラット法による弾圧を行った。

×
ローラット法による弾圧が先。

8 オスマン帝国は第一次世界大戦で敗戦国になり、ローザンヌ条約によって大幅な領土削減を余儀なくされた。

×
ローザンヌ➡セーブル

9 ケマル＝パシャはトルコ再建のため、イズミルを占拠していたロシア軍を撃退した。

×
ロシア➡ギリシャ

10 ケマル＝パシャは西欧化政策として、ローマ字の採用や太陰暦の導入等に着手した。

×
太陰暦➡太陽暦

09 戦間期の世界と大恐慌

> 1 第一次世界大戦後はヴェルサイユ＝ワシントン体制が成立。
> 2 1920年代は、一時的に国際協調の傾向がみられた。
> 3 1929年の大恐慌の発生を契機に、国際対立が深まった。

1 戦後のヴェルサイユ条約は対ドイツ復讐主義により、ドイツに天文学的賠償金を課した。賠償金の不履行に対しフランスとベルギーはルール出兵を行い、ハイパーインフレを招いた。アジア太平洋に勢力を拡大した日本に対し、アメリカ主導のワシントン会議では、軍縮条約（主力艦制限）、四カ国条約（日英同盟の廃棄）、九カ国条約（中国の主権尊重）が課せられた。

2 恒久平和主義の高まりで、アメリカのウィルソン大統領の14カ条の提案により国際連盟（アメリカは不参加）が設立され、一方で民族自決の原則（適用は東欧のみ）も唱えられた。また、ドイツの履行政策への転換に伴い国際協調の傾向が高まり、1925年のロカルノ条約でドイツの国際連盟参加が実現した。

3 1929年の大恐慌に対し、アメリカのF＝ルーズベルト大統領は統制経済に立脚し全国産業復興法や農業調整法で対処し、労働者保護のワグナー法も施行した。イギリスとフランスはブロック経済を実行し自国の植民地や勢力圏だけの生き残りを図った。ソ連は、恐慌の影響は軽微であった。

● 1930年代のドイツ、イタリア、日本の動向と第二次世界大戦

ドイツ	1933年ヒトラー政権➡軍備増強・公共事業促進➡ラインラント進駐➡ミュンヘン会談・ズデーテン地方併合➡1939年独ソ不可侵条約・ポーランド侵攻（第二次世界大戦開始）➡1941年独ソ戦開始
イタリア	1936年エチオピア併合・ドイツと共にスペイン内乱に参戦
日本	1931年満州事変➡国際連盟脱退➡1937年日中戦争➡北部仏印進駐➡ABCD（アメリカ、イギリス、中国、オランダ）包囲網

次の文の正誤を○×で答えなさい。

1 ドイツに対して、対独復讐主義の表れとして天文学的賠償金が課せられた。

○

2 支払い不能のドイツに対して、イギリスとフランスはルール出兵を強行した。

×
イギリス➡ベルギー

3 ドイツの履行政策への転換に伴い、ロカルノ条約はドイツの国際連盟加入を認めた。

○

4 日本に対する警戒心から、ワシントン軍縮条約では補助艦の制限が定められた。

×
補助艦➡主力艦

5 アメリカのウィルソン大統領による14カ条の提案に基づき民族自決が唱えられた。しかし、東欧にしか適用されなかった。

○

6 F＝ルーズベルトのニューディールは、自由放任主義の放棄による統制経済政策である。

○

7 イギリスは先進国と協調して、スターリングブロックを設定した。

×
先進国➡植民地

8 恐慌の下でも、例外的に共産圏のソ連だけは順調な経済発展を遂げた。

○

9 ドイツは、1939年に独ソ不可侵条約を結んでポーランドに侵攻し、第二次世界大戦が開始された。

○

10 東南アジアに進出した日本に対し、アメリカ、イギリス、中国、フランスは経済封鎖を発動した。

×
フランス➡オランダ

10 第二次大戦後の世界

1 ソ連の東欧進出を契機に米ソ冷戦が始まった。
2 冷戦は緩和から再緊張、さらに多極化へ変化した。
3 多極化から新冷戦を経て、マルタ宣言で冷戦は終結した。

1 **トルーマン=ドクトリン**はギリシャ、トルコへの援助を訴え、また**マーシャル=プラン**で全欧への経済援助計画が示された。ソ連側は**コミンフォルム**の結成で対抗し、冷戦はソ連による**ベルリン封鎖**で頂点に達した。アジアでは北朝鮮の侵攻による**朝鮮戦争**やフランスによる**インドシナ戦争**が勃発した。

2 冷戦はソ連のスターリンの死去などで緩和に向かった。しかし、ソ連のミサイル基地建設をめぐる**キューバ危機**で一時的に緊張が高まった。多極化に伴い、米ソ共存の下で中ソ関係は悪化し、フランスの**ド=ゴール**はNATOの軍事機構から脱退した。

3 米ソ英間の**部分的核実験禁止条約**や1968年の**核拡散防止条約**により多極化は進展した。ソ連のアフガニスタン侵攻による米ソ間の**SALTⅡ**の未発効や、アメリカのレーガン政権の減税政策と**SDI構想**で新冷戦に突入した。1989年の東欧革命やベルリンの壁撤去により、アメリカの**ブッシュ（父）大統領**とソ連の**ゴルバチョフ書記長**は**マルタ**で冷戦の終結を宣言した。

● 中東問題

1948年	イスラエル建国 ➡ パレスチナ戦争 ➡ 多数のパレスチナ難民発生
1956年	エジプトのナセル大統領がスエズ運河の国有化宣言 ➡ スエズ動乱
1967年	第三次中東戦争 ➡ イスラエルがゴラン高原やヨルダン川西岸を占拠
1973年	第四次中東戦争 ➡ OAPECによる第一次石油ショック
1993年	パレスチナ暫定自治協定（イスラエルのラビンとPLOのアラファト）

次の文の正誤を○×で答えなさい。

1 トルーマン=ドクトリンでは、ギリシャや
トルコに対するソ連の干渉に警告を発した。

○

2 アメリカはソ連に対抗するために、ベルリ
ン封鎖を行った。

×
アメリカとソ連が逆。

3 1950年の朝鮮戦争は、アメリカの北朝鮮
への侵攻により開始された。

×
北朝鮮の韓国への侵
攻。

4 スターリンの死去後、共産党第一書記のブ
ルガーニンはスターリンによる粛清を批判した。

×
ブルガーニン➡フル
シチョフ

5 フランスでは、ド=ゴールが中国の承認や
NATOの軍事機構からの脱退を表明した。

○

6 キューバ危機は、アメリカがキューバにミ
サイル基地を建設したことから勃発した。

×
アメリカ➡ソ連

7 キューバ危機の翌年、アメリカとソ連2カ
国間で部分的核実験禁止条約が締結された。

×
イギリスも参加。

8 ソ連のアフガニスタン侵攻により、米ソ間
のSALTⅡは発効しなかった。

○

9 アメリカのレーガン大統領は、小さな政府
を目指して増税を強行し、同時にSDI構想を提
唱し軍備を増強した。

×
増税➡減税

10 1989年、アメリカのブッシュ（父）大統
領とソ連のゴルバチョフ書記長は、冷戦終結の
マルタ宣言を発表した。

○

01 東アジア〜南アジア

1 中国は多くの民族自治区を持ち、農業地帯も多様である。
2 東南アジアは、民族や宗教も多彩で作物も豊富である。
3 南アジアは人口も巨大であり、宗教上の対立が厳しい。

1 **中国**は人口が14億を超え（一人っ子政策は廃止）世界最大。漢民族が全体の9割を占めるが、チベット（ヤクを飼育）や内モンゴルなど民族自治区も存在。少数民族で人口が最大なのはチョワン族。ウイグル族はトルコ系。農業地域はチンリン＝ホワイ線（1000mmの年間降水量線）を境に、北は畑作、南は稲作地帯。

2 東南アジアでは、**マレーシア**や**シンガポール**では中国系が多い。**タイ**は上座部仏教、**インドネシア**は世界最大のイスラム教国、**フィリピン**は東南アジア唯一のカトリック圏である。マレーシアのパーム油、フィリピンのバナナなどが有名。

3 13.9億の人口を抱える**インド**はヒンズー教中心で、イスラム教を掲げる**パキスタン**とカシミール問題で対立中。**バングラデシュ**は都市国家を除いて人口密度が世界一。**スリランカ**では、仏教徒のシンハラ人とヒンズー教徒のタミル人との対立が厳しい。

● 特徴ある国々の比較

中国	長江は中国最長で、世界最大の三峡ダムが著名。粗鋼や石炭生産は世界一。最大の油田は大慶。
韓国	アジアNIES（他に台湾・シンガポール・香港）の一員。
タイ	米の輸出は世界有数。
マレーシア	マレー系69%、中国系23%。マレー人優先策のブミプトラ政策実施。
シンガポール	中国系74%。1人当たりのGDPはアジア最大。
インドネシア	人口は世界第4位。オランダから独立。東南アジア最大の産油国。
フィリピン	19世紀末までスペイン領。南部ではイスラム教徒が武装闘争中。
インド	緑の革命を推進。コンピューターソフト産業（バンガロール）

次の文の正誤を○×で答えなさい。

1 中国は500mmの年間降水量線であるチンリン＝ホワイ線を境に北は畑作、南は稲作地帯となる。

×
500mm➡1000mm

2 中国は漢民族が全体の9割を占めている。

○

3 アジアNIESは韓国、台湾、シンガポール、マレーシアである。

×
マレーシア➡香港

4 タイは緑の革命で生産力が向上して穀類は自給可能であり、耕地率は50％以上である。

×
タイ➡インド

5 マレーシアでは、華人優先のブミプトラ政策を実施している。

×
華人➡マレー人

6 インドネシアは、1949年にイギリスから独立した。

×
イギリス➡オランダ

7 東南アジアでキリスト教徒が優位を占める国は、フィリピンである。

○

8 インドでコンピューターソフト産業が盛んなのは北部のムンバイである。

×
北部のムンバイ➡南部のバンガロール

9 インドはカシミール問題で、パキスタンと対立している。

○

10 インダス文明発祥の地パキスタンの人口は2億を超え、大部分はイスラム教徒である。

○

11 スリランカでは、仏教徒のシンハラ人とヒンズー教徒のタミル人との対立が深刻である。

○

121

> 1 西アジアは宗教的、経済的な対立が深刻な地域である。
> 2 アフリカでは地域的な部族紛争が続いている。
> 3 両地域とも、鉱物資源や商品作物の豊富な地域である。

1 **イラン**はイスラム教シーア派が98%を占める。1979年のイラン＝イスラム革命で王政が打倒され、共和政に移行。**イラク**は石油を求めてクウェートに侵攻し湾岸戦争を招いた。**サウジアラビア**はスンニ派の大国でイランと対立している。

2 **スーダン**はダルフール問題でイスラム教徒の白人とキリスト教徒の黒人が対立した。黒人は南スーダンとして独立するが、内部対立で混乱している。**南アフリカ**は1991年にアパルトヘイト政策を廃止し、黒人政権を発足させた。

3 **サウジアラビア**の石油輸出量は世界トップクラスであり、イランやイラクも石油が最大の輸出製品である。**ナイジェリア**はアフリカ最大の産油国であり、**コートジボワール**はカカオ生産が世界一である。**ケニア**のコーヒー豆や紅茶も有名。

● 主要な国々の特色

イラン	インド＝ヨーロッパ系で非アラブ人。カナートという地下水路が発達。
イラク	古代メソポタミア文明の地。
サウジアラビア	憲法をもたない専制君主国（絶対王政）。政教一致国。イスラム教の聖地メッカが存在。
エジプト	地中海に注ぐ世界最長の川、ナイル川（アスワンハイダム所在）の流域。スエズ運河を保有。
アルジェリア	旧フランス領。北アフリカ最大の産油国。
ナイジェリア	アフリカ最大の人口とGDP。
ガーナ	ヴォルタ川開発計画でアルミニウムを生産。

次の文の正誤を○×で答えなさい。

1	イランの主要な住民は、インド＝ヨーロッパ系であり、非アラブ人である。	○
2	イラクでは、1979年のイスラム革命で王政が打倒された。	× イラク➡イラン
3	イラクは古代メソポタミア文明の地で、湾岸戦争の勃発を招いたこともある。	○
4	イスラム教シーア派のサウジアラビアは、憲法や議会を持たない専制君主国家である。	× シーア派➡スンニ派
5	ナイル川は、赤道付近から北流して紅海に注ぐ世界最長の河川である。	× 紅海➡地中海
6	アルジェリアは、かつてイタリアの植民地であり北アフリカ最大の産油国でもある。	× イタリア➡フランス
7	かつてダルフール問題で混乱し、南部が分離独立したのはスーダンである。	○
8	ナイジェリアは、アフリカ最大の人口・最大のGDP・最大の石油生産を誇る国である。	○
9	ケニアは、世界最大のカカオとコーヒーの生産国である。	× 世界最大のカカオ生産国はコートジボワール。
10	ヴォルタ川総合開発計画を進め、アルミニウムを生産しているのはナイジェリアである。	× ナイジェリア➡ガーナ
11	南アフリカは、1990年代にアパルトヘイト政策を廃止し黒人政権を発足させた。	○

03 ヨーロッパと旧ソ連

> 1 イギリスとドイツは工業、フランスは農業が盛ん。
> 2 多様な文化や特色ある鉱物資源で有名な国が多い。
> 3 旧ソ連や東ヨーロッパは、スラブ系民族が多く住む。

1 **イギリス**は18世紀における世界初の産業革命以降、農業人口が減少し、食料自給率は70%前後。**フランス**はEU最大の農業国で小麦の輸出が多い。パリより北が生産地となる。**ドイツ**はEU最大の工業国であり、ルール工業地帯はEU最大の工業地帯。

2 **スイス**は山岳国でありロマンシュ語を含む4つの公用語を使用。精密機械工業が発達。**ベルギー**はオランダ語系フラマン人とフランス語系ワロン人とが対立。安定陸塊の広がる**スウェーデン**はEU最大の鉄鉱石生産国。

3 **ロシア**はスラブ系で東方正教徒が多い。主食は黒パンで、スープのボルシチが有名。**ウクライナ**は黒土のチェルノーゼムで小麦を栽培。**ウズベキスタン**はアラル海の縮小問題に直面。

● 西ヨーロッパの主要国の特徴

イギリス	北アイルランド問題では多数派のプロテスタント系と少数派のカトリック系が対立。
フランス	基幹産業の国有化を推進。パリの高級衣料や航空機のトゥールーズが著名。発電量は原発が75%。
ドイツ	医薬品の輸出が大きい。豚肉生産はヨーロッパ第1位であり南部では小麦の生産が盛ん。
イタリア	北部三角地帯では重化学工業が発達。南北格差が大きい。
オランダ	ポルダー（干拓地）やロッテルダムのユーロポートが著名。
デンマーク	協同組合組織のもと世界的な酪農国へと発展。
ノルウェー	フィヨルドの地形が特徴的。ヨーロッパ最大の産油国。
スペイン	内陸のメセタと呼ばれる乾燥草原で羊の放牧。

次の文の正誤を○×で答えなさい。

1 北海油田により、ヨーロッパ最大の石油・天然ガス輸出国はイギリスである。

×
イギリス➡ノルウェー

2 イギリスの食料自給率は100%を越えており、一方で酪農はあまり盛んではない。

×
食料自給率は70%
程度だが酪農は盛ん。

3 フランスはEU最大の農業国で、小麦の輸出が多い。

○

4 スイスではドイツ語とイタリア語の2つの公用語が使われている。

×
4つの公用語が使用
されている。

5 混合経済体制を導入し、重要産業・基幹産業の国有化を推進したのはイギリスである。

×
イギリス➡フランス

6 ドイツはEU最大の工業生産国であるが、気候的に小麦の生産は少ない。

×
小麦の生産は南部で
多い。

7 イタリア北部の三角地帯では重化学工業が発達している。

○

8 協同組合組織により世界的な酪農国へと発展したのはデンマークである。

○

9 オランダのアムステルダムに開港したユーロポートは「EUの玄関口」と呼ばれている。

×
アムステルダム➡ロッ
テルダム

10 ベルギーでは北部のオランダ系フラマン人と南部のフランス系ワロン人とが対立している。

○

11 ステップのチェルノーゼムでの小麦栽培に取り組んでいるのはカザフスタンである。

×
カザフスタン➡ウク
ライナ

★★★
04 南北アメリカ・オセアニア

> 1 アメリカは穀物の大生産国。カナダは水力発電が盛ん。
> 2 南アメリカは穀物生産が盛んで、また、銀や銅など鉱物資源も豊富。
> 3 オセアニアは鉱物資源や羊毛生産で有名である。

1 **アメリカ**は適地適作として北から順に小麦、トウモロコシ、綿花を栽培。アグリビジネスが盛ん。大豆、トウモロコシは生産量・輸出量世界一。**カナダ**の水力発電は総発電量の半分以上。

2 **ブラジル**のテラローシャにおけるコーヒーの生産は世界最大で、ファゼンダと呼ばれる大農園で栽培。**メキシコやペルー**は銀、**チリ**は銅の生産が盛ん。ベネズエラは世界最大の石油埋蔵国。

3 羊毛生産は**オーストラリアとニュージーランド**が双璧。オーストラリアは、東部の石炭、西部の鉄鉱石、北部のボーキサイトで有名。**ニュージーランド**の経済基盤は畜産業。

● 主要な国の特徴

アメリカ合衆国	サンベルトに工場が集中。シカゴは五大湖最大の港町、ヒューストンは石油や宇宙産業が有名。サンフランシスコ郊外のシリコンバレーは電子産業地帯。
カナダ	ケベック州中心にフランス系が30%。英語とフランス語が公用語。
ベネズエラ	オリノコ川流域やマラカイボ湖が油田地帯。
ブラジル	アマゾン川の流域面積世界一。セルバが広がる。ポルトガル語が公用語。アマゾンにカラジャス鉄山。
アルゼンチン	白人が全体の98%を占める。ラプラタ川流域のパンパでは、アルファルファによる肉牛の牧畜が盛ん。
ペルー	インカ帝国の故地。寒流による、アンチョビーの水揚げと海岸砂漠の広がり。金や銅も生産豊富。
オーストラリア	白豪主義を放棄。大鑽井盆地で牧畜、南東部で農業が盛ん。

次の文の正誤を○×で答えなさい。

社会科学

人文科学

自然科学

地理

1 アメリカ合衆国では、北から順にトウモロコシ、綿花、小麦の栽培地域が広がっている。

×
小麦、トウモロコシ、綿花の順。

2 アメリカ合衆国で石油化学や宇宙産業が有名な都市はニューオーリンズである。

×
ヒューストンである。

3 世界最大の電子産業地帯であるシリコンバレーは、ロサンゼルス近郊に位置する。

×
ロサンゼルス➡サンフランシスコ

4 アメリカでは近年、南部から、サンベルトと呼ばれる北東部に工業地帯が移動しつつある。

×
南部と北東部が逆。

5 カナダの水力発電の割合は、総発電量の半分以上を占めている。

○

6 ブラジルは鉱産資源が豊富で、中でもブラジル高原のカラジャス鉄山が有名である。

×
ブラジル高原➡アマゾン低地

7 ブラジルはラテン＝アメリカで唯一、ポルトガル語が公用語である。

○

8 ベネズエラは、オリノコ川流域などに油田地帯が広がり、世界最大の石油埋蔵量を誇る。

○

9 アルゼンチンにおける人口構成では、白人の比率は50％台にとどまる。

×
98％が白人。

10 暖流のペルー海流の影響で、南米の太平洋側には海岸砂漠が広がっている。

×
ペルー海流は寒流。

11 オーストラリアは世界最大のボーキサイトの産出国であり、西部の鉄鉱石も有名である。

○

05 世界の地形と気候

> 1 大地形には安定陸塊、古期造山帯、新期造山帯がある。
> 2 小地形には平野、山地、海岸等があり、その分類が大切。
> 3 気候は、太陽の熱放射による気圧・風向への影響が重要。

1 **安定陸塊**は、先カンブリア代の形成で鉄鉱石が豊富。アフリカ卓状地やバルト楯状地が一例。**古期造山帯**は古生代の形成で石炭が豊富であり、アパラチア山脈が代表的。**新期造山帯**は現在活動中で、石油が多い地形。環太平洋造山帯が代表的。

2 平野には侵食平野（準平原、構造平野）と堆積平野（沖積平野、洪積台地）がある。山地地形は**褶曲山脈**と**断層山脈**に分かれる。海岸地形は**隆起海岸**と**沈降海岸**（例としてリアス海岸）。

3 気候の3要素は、気温、風、降水量。中緯度高圧帯から赤道低圧帯に吹き込む**貿易風**は、北半球で北東風、南半球で南東風となる。また**偏西風**は中緯度高圧帯から高緯度低圧帯へ吹き込み、北半球で南西風、南半球で北西風となる。

● 主要な気候の特色と関連キーワード

熱帯雨林気候	年中多雨で気温の日較差が大きい。アマゾンのセルバが有名。
サバナ気候	雨季と乾季がはっきり分かれている。リャノ（熱帯草原）。
ステップ気候	砂漠周辺の短草草原。ウクライナのチェルノーゼム。
温暖湿潤気候	降水量が多く気温の年較差が大きい。パンパ（温帯草原）。
地中海性気候	夏は少雨、冬は温暖多雨。果樹栽培が盛ん。
西岸海洋性気候	暖流と偏西風の影響が大きく、年中温暖。
冷帯湿潤気候	降水量が多く気温の年較差が大きい。西シベリア。
冷帯冬季少雨気候	北半球の寒極を構成。気温の年較差が大きい。東シベリア。冷帯は南半球には存在しない。
ツンドラ気候	凍結し、地衣類・コケ類が分布。
氷雪気候	最暖月でも平均気温が0℃以下。南極が一例。

次の文の正誤を○×で答えなさい。

1 古期造山帯の例として、アパラチア山脈やウラル山脈、あるいはアフリカ卓状地がある。

× アフリカ卓状地は安定陸塊。

2 大陸プレート同士が衝突すると、地層が波状に曲がった断層山脈が形成される。

× 断層山脈➡褶曲山脈

3 南米のアンデス山脈は世界最長の古期造山帯であり、北米のロッキー山脈に連なる。

× アンデス山脈は新期造山帯。

4 沖積平野は、河川の堆積作用により形成され、扇状地の扇央は桑畑や果樹園に利用される。

○

5 リアス海岸は、地層の隆起によって形成された入り江の多い海岸線である。

× 地層の隆起➡山地の沈降

6 熱帯雨林気候は気温の年較差は小さいが、日較差は大きい。

○

7 南米のリャノやセルバに代表されるサバナ気候は、雨季と乾季の区分が明瞭である。

× セルバはアマゾンの熱帯雨林。

8 ステップ気候は、砂漠気候の周辺部に位置し、短草草原地帯が広がっている。

○

9 西岸海洋性気候は、暖流と偏西風の影響を受け、降雨量は年間を通じ平均的である。

○

10 地中海性気候は、夏は温暖で比較的雨が多く、冬は乾燥し少雨となる。

× 夏と冬が逆。

11 冷帯冬季少雨気候はシベリア東部が代表的で、冬の寒さは北半球の寒極を構成する。

○

06 都市と農林水産業

1 特徴ある都市や都市問題に関する問題が頻出。

2 広葉樹林は建築や家具材料、針葉樹林は製紙材料となる。

3 農業の特色や地域別の作物、主要漁場も把握しておく。

1 都市では、**ラサ**（宗教都市）、**バンドン**（保養都市）、**ハイデル
ベルク**（学園都市）が重要。**メガロポリス**（大都市の連接的つ
ながり）、**コナベーション**（2つ以上の都市の一体化）、**セグリゲ
ーション**（人種や民族などの住み分け）などの意味にも注意。

2 熱帯の樹種は多様で硬木が多い。建築材の**ラワン**や高級家具材
の**マホガニー**が有名。冷帯の**タイガ**は純林（1種類の樹木だけか
らなる森林）で、軟木の針葉樹はパルプの材料となる。

3 漁業では、**北西太平洋漁場**が漁獲高世界1位。**南東太平洋漁場**は
寒流のペルー海流やアンチョビーが特徴的。**北西大西洋漁場**は
暖流のメキシコ湾流と寒流の潮目となり、**北東大西洋漁場**では
油田で有名な北海に大陸棚が広がる。

● 世界の農牧業の特色や作物

アジア式稲作農業	米の生産（中国、インド）と輸出（タイ）。
アジア式畑作農業	綿花栽培（インドデカン高原のレグール土やウズベキスタン）。
遊牧	草を求め家畜（羊、山羊、トナカイ）と移動。
オアシス農業	乾燥地のオアシスでナツメヤシや小麦を栽培。
焼畑農業	森林を焼いて、その灰により土壌を中和。
商業的混合農業	飼料作物栽培と家畜飼育の組み合わせ。
酪農	バルト海周辺や北米の五大湖周辺地域で盛ん。
地中海式農業	夏の高温乾燥に強い柑橘類を栽培。
企業的穀物農業	機械で大豆などを生産（アメリカ、ブラジル）。
企業的牧畜	牧草を利用し食肉や羊毛を大規模に生産。
プランテーション	農園で熱帯性商品作物を栽培。コーヒー豆やサトウキビ。

次の文の正誤を○×で答えなさい。

1 ラサは宗教都市、ハイデルベルクは保養都市として著名である。

× ハイデルベルクは学園都市。

2 コナベーションとは、2つ以上の都市が一体化することである。

○

3 セグリゲーションとは、人種や民族などにより居住区が分離されている状態をいう。

○

4 広葉樹は硬木で建築材料に適している。他方、針葉樹は軟木で製紙材料に用いられる。

○

5 焼畑農業では、森林を焼いて耕地を作り、草木灰を肥料として土地を酸化している。

× 酸化➡中和

6 商業的混合農業では、作物栽培と家畜飼育を組み合わせて、主に畜産物を出荷する。

○

7 大豆の2大生産国は、アメリカとオーストラリアである。

× オーストラリア➡ブラジル

8 プランテーションで栽培する作物として代表的なものは、コーヒーや小麦である。

× 小麦は無関係。

9 コーヒー豆の生産はブラジルとコロンビアが世界の1位、2位を占めている。

× コロンビア➡ベトナム

10 北西太平洋漁場は漁獲高世界1位の漁場であり、暖流と寒流の潮目になっている。

○

11 南東太平洋漁場には、暖流のペルー海流が流れており、アンチョビーの漁獲量が多い。

× ペルー海流は寒流。

01 西洋思想①古代

1 古代ギリシャの都市国家アテネで哲学が発達した。

2 ヘレニズム時代は、ストア派とエピクロス派。

3 パウロがキリスト教の土台を作った。

1 古代ギリシャ・アテネ　紀元前6世紀頃～紀元前4世紀頃

プロタゴラス	ソフィスト。「万物の尺度は人間」。
ソクラテス	無知の知。問答法（産婆術）。
プラトン	イデア論。想起説。哲人国家論。
アリストテレス	中庸を重視。友愛（フィリア）説。

2 ヘレニズム　紀元前336年～紀元前30年

ストア派	ゼノン、セネカ、マルクス＝アウレリウス。禁欲主義。アパティア（無感動の境地）を理想とする。
エピクロス派	エピクロス。快楽主義。アタラクシア（平静不動の心境）が理想。精神的な快を重視。

3 キリスト教

イエス （紀元前4or6年 ～紀元30年?）	洗礼者ヨハネによる洗礼を受けた後、ガリラヤで宣教を開始するが、ローマ総督府によって処刑された。
パウロ （?～紀元65年?）	当初はキリスト教徒を弾圧していたが、後に回心してキリスト教布教に取り組み、現在のキリスト教の土台を作った。
教義	①三位一体説（父＝子＝聖霊）。全知全能の神。 ②イエスの復活。アガペー（神の愛）。全ての人間は神に似せてつくられた。 ③博愛主義。平等主義。異教徒も愛と救済の対象。
中世教父哲学 （紀元2世紀～ 8世紀）	キリスト教の教義の土台。 ①アウグスティヌス 　当初はマニ教徒だったが、後に回心。教会を通して「神の国」に至れるとした。プラトン哲学を聖書理解に用いた。
スコラ哲学 （9世紀～ 15世紀）	②トマス＝アクィナス 　アリストテレス哲学とキリスト教神学の統合。「恩寵の光」。「栄光の光」。自然法。

次の下線部分を正しい語に改めなさい。

1 プロタゴラスは「<u>神</u>は万物の尺度」と説いた。

人間
「真理は人それぞれ」
の意味。

2 <u>ソクラテス</u>は弁論術を用いた。

プロタゴラス

3 <u>アリストテレス</u>は、民主制は衆愚政治に堕落すると考えた。

プラトン
プラトンの理想は
「哲人国家」。

4 ストア派は<u>快楽主義</u>を主張した。

禁欲主義
アパティアが理想の
心境。

5 キリスト教の神は全知全能の<u>非人格神</u>である。

人格神

次の空欄に適切な語を補いなさい。

1 プラトンは理性で認識できる永遠普遍の真実在を [　　　] と称した。

イデア

2 アリストテレスは、人間は [①] 的動物であるとし、人と人の信頼関係である [②] を人生で最も重要なものとした。

①政治
②友愛

3 エピクロスは物質的な快楽よりも精神的な快楽の方に価値を見いだし、心の充足した平安な心境を [　　　] と称した。

アタラクシア

4 ギリシャ語で、キリスト教の神の愛のことを [　　　] という。

アガペー
ラテン語では「カリ
タス」

5 アウグスティヌスは、教会を通して [　　　] に至ると考えた。

神の国

02 西洋思想②近世・近代・現代

> **1 イギリス経験論のベーコン➡「知は力」。**
> **2 大陸合理論のデカルト➡「我思う。ゆえに我あり」。**
> **3 ドイツ観念論のカント➡経験論と合理論の総合。**

1 近世（16世紀～18世期前半）

①イギリス経験論➡知は全て経験に由来すると考える。

　ベーコン……「知は力」。帰納法。イドラ（偏見）の排除。

　ロック……「タブラ・ラサ（心は白紙）」。

②大陸合理論➡理性に基づく真の知の探究。

　デカルト……「我思う。ゆえに我あり（コギト・エルゴ・スム）」。
　　方法的懐疑。物心二元論。

2 近代（18世紀後半～19世期）

①ドイツ観念論➡18世紀後半～19世紀前半に思想界の中心。

　カント……経験論と合理論の総合。純粋理性。物自体。定言命法。

　ヘーゲル……「定立・反定立・止揚」の弁証法。絶対精神。人倫。

3 現代（20世紀～）

①実存主義➡主体的存在としての実存を重視。

　ニーチェ……神の死。超人思想。力への意志。永劫回帰。

　キルケゴール……実存の三段階。単独者。

　ハイデガー……現存在としての人間＝死に向かう存在。

　サルトル……「実存は本質に先立つ」。アンガージュマン（投企）。

　ヤスパース……限界状況。包括者。暗号解読。

②構造主義➡人間の社会や文化の背景にある普遍的構造の分析。

　レヴィ＝ストロース……野生の思考。文化相対主義。

　ミッシェル＝フーコー……生政治学。生権力。知の考古学。

次の下線部分を正しい語に改めなさい。

1 ベーコンは、真の知に至るには<u>イデア</u>の排除が必要と考えた。

イドラ

2 <u>デカルト</u>は方法的懐疑を通じて「タブラ・ラサ」という認識に到達した。

ロック

3 <u>カント</u>の代表作に『精神現象学』がある。

ヘーゲル

4 ヘーゲルは人類の歴史を<u>物自体</u>に至る過程だと論じた。

絶対精神

5 <u>キルケゴール</u>は、「神は死んだ」と宣言した。

ニーチェ

6 ハイデガーは人間存在の本質を「<u>老</u>」に向かう存在と考えた。

死

7 レヴィ＝ストロースは文化人類学の観点から、<u>文化絶対主義</u>を唱えた。

文化相対主義

次の空欄に適切な語を補いなさい。

1 カントは、人間は [　　　] によって、世界を時間と空間の形式で認識すると考えた。

悟性

2 ヤスパースは「死。闘争。苦悩」などの、人間が避けられないものを [　　　] と呼んだ。

限界状況

3 サルトルは、人間は生まれながらにして [　　　] の刑に処せられていると述べている。

自由

4 フーコーは現代の政治権力の本質を人間の身体管理を意志する [　　　] だと主張した。

生権力

> **1** 釈尊の教え➡原始仏教=「中庸・八正道」による解脱。
> **2** 日本新仏教➡念仏宗・禅宗・日蓮宗。
> **3** 中国古代思想➡儒家・墨家・法家・道家。

1 原始仏教➡釈尊（ゴータマ=ブッダ、仏陀）の教え。諸法縁起。
八正道。中庸。煩悩（執着）を滅して解脱（悟り）を求める。

2 日本新仏教➡主に鎌倉期に成立した日本独自の仏教の教え。

浄土宗	法然。専修念仏。「南無阿弥陀仏」。念仏宗。
浄土真宗	親鸞。絶対他力。悪人正機。「南無阿弥陀仏」。「善人往生す。いわんや悪人をや」。念仏宗。
曹洞宗	道元。只管打坐。身心脱落。禅宗。
臨済宗	栄西。公案禅。禅宗。
日蓮宗	日蓮。唱題。「南無妙法蓮華経」。
時宗	一遍。踊念仏。

3 古代中国・諸子百家➡紀元前6世紀から紀元前3世紀、中国の春秋・戦国時代に活動した思想家や学者。

①儒家：孔子……『論語』。「仁（思いやり）」と「礼（社会秩序）」。
　　　　孟子……人間は生まれつき善性。惻隠惻隠の情。
　　　　荀子……「礼」に基づく統治を主張。
②墨家：墨子……兼愛説（平等な友愛）。非戦非攻（平和主義）。
③法家：韓非子……法と刑罰による統治。
④道家：老子……無為自然。小国寡民。「道」に則した生き方。
　　　　荘子……無用の用。胡蝶の夢。相対的世界観。

次の下線部分を正しい語に改めなさい。

1 釈尊は悟りを得るために<u>苦行</u>を重視した。 　中庸

2 浄土真宗は<u>題目</u>を唱える。 　念仏

3 <u>曹洞宗</u>は公案を用いて禅を行う。 　臨済宗

4 日蓮は<u>専修念仏</u>を重視した。 　題目唱題

5 荀子は<u>法</u>による統治を主張した。 　礼

6 墨子は<u>偏愛</u>を主張した。 　兼愛

次の空欄に適切な語を補いなさい。

1 南無阿弥陀仏と唱えるのは［　　　］である。 　念仏宗 （浄土宗・浄土真宗）

2 南無妙法蓮華経と唱えるのは［　　　］である。 　日蓮宗

3 曹洞宗はひたすら座り続ける［　　　］を重視する。 　只管打坐

4 孔子の言行は『［　　　］』に記されている。 　論語

5 老子は人為を排して［　　　］な生き方が理想だと説いた。 　無為自然

6 朱子学では［　　　］を重視した。 　格物致知

7 陽明学は単なる理論的学問を批判し、［　　　］を主張した。 　知行合一

137

01 日記文学と随筆文学

> 1 日記文学は平安時代（8～12世紀）に栄えた。
> 2 随筆文学は平安時代～鎌倉時代（12～14世紀）に栄えた。
> 3 三大随筆には『枕草子』『方丈記』『徒然草』がある。

1 平安時代は、平安遷都（794年）から鎌倉幕府成立（1185年）までのおよそ400年にわたり、平安京の貴族による文学が栄えた。特にこの時代にはかな文字が普及し、かな文字を用いて男女の心情などを書き留めた**日記文学**が女性の手で記された。

2 日記文学が「自己の内面」に目を向けるものであるのに対して、周囲の人々や社会のあり方など「外の世界」に目を向けて、理性的に批評を加えるのが**随筆文学**である。

3 清少納言の『**枕草子**』(1001年頃)、鴨長明の『**方丈記**』(1212年)、吉田兼好の『**徒然草**』(1330～1331年頃)を三大随筆という。

次の文の誤りを訂正しなさい。

1 都が平城京にあった794年から1185年の時期を平安時代という。

平城京➡平安京
平城京は奈良時代

2 平安時代にはこの時代の実権を握った武士による文学が栄えた。

武士➡貴族
平安時代は貴族の時代

3 紀貫之は漢字で『土佐日記』を記した。国司として赴任した土佐から京に帰還する船旅が記されており、我が国初の日記文学である。

漢字➡かな文字
かな文字を用いて、「女性」の体裁で『土佐日記』を記した。

4 他の女性に心移りした夫への愛憎を記した『蜻蛉日記』の作者は菅原孝標女である。

菅原孝標女
➡藤原道綱母

5 『和泉式部日記』は作者である和泉式部の仏道修行について記されている。

仏道修行➡恋愛事件

6 『紫式部日記』の作者、紫式部は世界的にも有数の長編物語『源氏物語』の作者でもあり、一条天皇の中宮定子に仕えた。

中宮定子➡中宮彰子
中宮は天皇の正妻

7 『更級日記』の作者藤原道綱母は、幼少期には東国で育ち物語に描かれていた宮中生活に深いあこがれを持っていた。

藤原道綱母
➡菅原孝標女

8 『枕草子』で宮中の生活について理性的に批評を加えた清少納言は一条天皇の中宮彰子に仕えた。

中宮彰子➡中宮定子

9 鴨長明の『方丈記』の冒頭には「ゆく河の流れは絶えずして、しかももとの水にあらず」と記され、儒教的倫理観が示されている。

儒教的倫理観
➡仏教的無常観

社会科学

人文科学

自然科学

文学・芸術

02 日本文学と西洋絵画

1 明治期以降、西洋の文学理論が日本に輸入された。
2 昭和（戦前）の文学では芸術か政治かの対立が激化。
3 19世紀後半以降、フランスを中心に近代絵画（非具象画）が発展した。

1 近代日本文学

明治20年代	写実主義＝人間の現実の感情を描写		坪内逍遙
明治30年代	浪漫主義＝青年の理想、純粋な愛		森鷗外
明治40年代	自然主義＝人間の醜さ。社会の暗部		島崎藤村
大正期	余裕派・高踏派＝人間の本質をより深い観点から探る		夏目漱石、森鷗外
	白樺派＝人道主義。理想の社会		武者小路実篤
	耽美派＝幻想と怪奇。情念と性愛		谷崎潤一郎
	新現実主義	➡新思潮派（東大）＝理知的人間分析	芥川龍之介
		➡三田派（慶應）＝耽美的描写	永井荷風
		➡奇蹟派（早稲田）＝貧困に苦しむ人々	葛西善蔵
昭和初期	プロレタリア文学＝革命の文学。文学は政治の手段		小林多喜二
	新感覚派＝芸術至上主義。先端的感性		川端康成

3 近代西洋絵画＝抽象絵画

印象派	絵具を混ぜないで澄んだ光の明るさを表現	モネ、マネ、ドガ、ルノワール
後期印象派	浮世絵の影響による平面的構図。鮮烈な色彩	ゴッホ、ゴーギャン
キュビズム	3次元の空間を2次元の平面に描写	ブラック、ピカソ
シュルレアリスム	潜在意識の非合理的イメージの描写	ダリ

次の [　　　] に適切な作品名を入れなさい。

1 坪内逍遙は『[　　　]』を書いて、写実主義の理論を日本に紹介した。

小説神髄
日本初の文学理論書。

2 森鷗外は、ドイツ人女性との恋愛経験をもとに浪漫主義的小説である『[　　　]』を書いた。

舞姫
森鷗外は軍医だった。

3 島崎藤村の『[　①　]』と田山花袋の『[　②　]』は、人間や社会の暗部を正面から描いた自然主義文学の代表的作品である。

①破戒
②蒲団

4 小林多喜二は労働者の悲惨な現実を『[　　　]』で描いた。

蟹工船

5 芸術的で繊細な描写を重視する新感覚派の川端康成は、代表作『[　　　]』などで、ノーベル文学賞を受賞した。

雪国
川端康成はほかに
『伊豆の踊子』が有名。

次の文の下線部を正しい語に改めなさい。

1 日本を代表する文豪の夏目漱石の代表作には、前期三部作の『三四郎』『それから』『坊っちゃん』、後期三部作の『彼岸過迄』『行人』『地獄変』がある。

坊っちゃん➡門
地獄変➡こころ
『地獄変』は芥川龍之介。

2 印象派の画家であるモネの代表作は「踊子」、ドガの代表作は「亜麻色の髪の乙女」である。

踊子➡印象・日の出
亜麻色の髪の乙女➡
踊子

3 後期印象派の画家であるゴッホの代表作は「印象・日の出」である。

印象・日の出➡星月夜

飛ばす勇気

　教養試験は、自治体にもよりますが、制限時間120分・40問という形式が主流です。単純に計算すると、1問あたりに割ける時間はせいぜい3分程度。見直しの時間を含めると、2分半が現実的でしょう。意外と短いため、私が指導する学生の中にも、試験後「時間が足りなくて最後まで解ききれませんでした……」という人が少なからずいます。

　制限時間内に解くのに必要なのが「飛ばす勇気」です。

　「この問題は頑張れば解けそうだけど、解くのに時間がかりそうだ」と感じたら、とりあえず適当な番号にマークをして、次の問題に取り掛かりましょう（飛ばした問題はあとで分かるようにしるしをつけることも忘れずに）。難しい問題に時間をかけすぎてしまい、ペースが乱れ、後ろの問題が間に合わず点を落としてしまう……これではもったいないですよね。飛ばすことで、冷静さをキープでき、実力＋αの結果を出すことができるのです。実際、ひと通り問題を解き終わってから飛ばした問題に戻って再びチャレンジしてみると、意外とすんなり解けたりするものです。

　78ページのコラムでもお伝えした通り、教養試験は「基本問題を確実に取ること」が鉄則です。

- 時間のかかる問題は後回しにする
- 基本問題を見直しする時間を確保する
- 1問あたり何分で解くべきか常に意識する

これを頭に入れて本番に臨みましょう。

第3章

★

自然科学

01 等加速度運動

> **1** $v-t$ グラフの特徴を押さえよう。
>
> **2** 等加速度運動の公式は2つ。
>
> **3** 重力による等加速度運動は、加速度$g=9.8$ （m/s²）。

1 横軸に時間t（s）、縦軸に速度v（m/s）をとったグラフを**$v-t$グラフ**という。このグラフの特徴は、以下の2点。

① グラフの傾き→加速度a（m/s²）を表す。

② グラフの面積→移動距離x（m）を表す。

2 加速度が一定の運動を**等加速度運動**という。時間t（s）、速度v（m/s）、初速度v_0（m/s）、加速度a（m/s²）、移動距離x（m）とすると、以下の2式が成り立つ。

$$\begin{cases} v=v_0+at \\ x=v_0t+\frac{1}{2}at^2 \end{cases} \cdots(☆)$$

※減速のときは、速度に対して加速度は反対向きになるので、負の数を用いて計算する。

3 地球上で物体を投げると、重力による等加速度運動をする。このときの加速度を**重力加速度g**（m/s²）といい、その大きさは$g=9.8$（m/s²）である。

● 重力加速度による運動

自由落下	鉛直投げ下ろし	鉛直投げ上げ
$\begin{cases} v=gt \\ x=\frac{1}{2}gt^2 \end{cases}$	$\begin{cases} v=v_0+gt \\ x=v_0t+\frac{1}{2}gt^2 \end{cases}$	$\begin{cases} v=v_0-gt \\ x=v_0t-\frac{1}{2}gt^2 \end{cases}$
初速度0（m/s）の落下運動。☆式で、$v_0=0$となる。	勢い（初速度v_0）をつけて真下に投げる運動。	勢い（初速度v_0）をつけて真上に投げる運動。真上に投げるとき、重力は反対向きに働くので、重力加速度は$-g$（m/s²）となる。

※鉛直とは、糸におもりを付けて吊り下げたとき糸が示す方向（重力の方向に一致）である。

144

次の文の [   ] に当てはまる言葉を答えなさい。

1 以下のグラフは、物体が一直線上をAからBまで進むときの速さと時間の関係を表している。

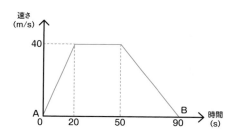

0～20（s）の加速度は [①]（m/s²）、AからBまでの移動距離は [②]（m）である。

2 一直線上を12（m/s）で進む自動車が、加速度3（m/s²）で、4秒間加速したときの速度は、[   ]（m/s）である。

3 一直線上を16（m/s）で進む自動車が、加速度4（m/s²）で減速すると、自動車は [①] 秒後に止まり、止まるまでに動く距離は [②]（m）である。

4 物体を自由落下させたとき、5.0秒後の速さは [①]（m/s）であり、そのときの落下距離は [②]（m）である。

5 地上500（m）の高さからボールを真下に投げ下ろすと、10秒後に地面に落下した。このときの初速度は [   ]（m/s）である。

①2
②2400
面積が移動距離
$(90+30) \times 40 \div 2 = 2400$

24
$v = v_0 + at$ より、
$v = 12 + 3 \times 4 = 24$ (m/s)

①4
静止したとき
$v = 0$ (m/s)、
$v = v_0 + at$ より、
$16 - 4t = 0$
②32
$16 \times 4 + \frac{1}{2} \times (-4) \times 4^2$

①49
$9.8 \times 5.0 = 49$
②122.5
$\frac{1}{2} \times 9.8 \times 5.0^2 = 122.5$

1.0
$500 = 10v_0 + \frac{1}{2} \times 9.8 \times 10^2$
$v_0 = 1.0$

02 力のつり合い

1 **力の3要素は、力の大きさ、力の向き、作用点。**
2 **代表的な力の種類とその特徴を押さえよう。**
3 **力の合成は、平行四辺形の対角線を利用する。**

1 力には、**大きさ**、**向き**、**作用点**の3要素があり、矢印（ベクトル）を用いて表す。矢印の長さが力の大きさ、矢印の向きが力の向き、矢印の始点が作用点を表す。

力の大きさF（N）：質量1（kg）の物体に1（m/s²）の加速度を生じさせる力。

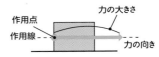

作用点
力の大きさ
作用線
力の向き

2 代表的な力の種類

力の種類	特徴
重力W	地球が物体を引く力。質量mのとき、重力の大きさ（重さ）は、W＝mg（N） 作用点は物体の中心
張力T	糸が物体を引く力
弾性力kx	ばねが物体を押す（引く）力 フックの法則：ばね定数k（N/m）、ばねののびx（m）のとき、その大きさF（N）はF＝kx
垂直抗力N	面が物体を垂直に押す力
摩擦力F	粗い面上で物体の運動を妨げる力 静止摩擦力：物体が動き出すのを妨げる力 動摩擦力：物体の運動を妨げる力
浮力	流体が物体を押しのけようとする力

3 **力の合成**と**分解**：平行四辺形とその対角線を考える。$(\vec{F} = \vec{F_1} + \vec{F_2})$

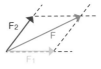

次の文の [ ] に当てはまる言葉を答えなさい。

1 質量50kgの物体に働く重力の大きさはW ＝[ ] である。ただし、重力加速度を 9.8m/s²とする。

490 (N)

2 ばね定数8（N/m）のばねに72（N）の 力を加えたときのばねののびは [ ] であ る。

9 (m)

3 地球が物体を引く力を [ ] という。

重力

4 「ばねを引く力とばねののびは比例する」 ことを [ ] の法則という。

フック

5 【図1】は、床の上で静止する物体を真上 に糸で引くとき物体において働く力の関 係式 [①]、【図2】は、ばねにつるした物 体を引くときに働く力の関係式 [②] を表 す。

①W=T+N
②F=W

【図1】　　　　　　【図2】

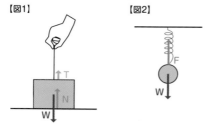

6 図は力Fを破線方向に分解し、分力を描き 入れたものである。分力F₁の大きさは [①] (N)、F₂の大きさは [②] (N) である。 √2＝1.4とする。

①20
②28

1 力学的エネルギーは運動エネルギーと位置エネルギーの和。
2 保存力のみが働くとき、運動エネルギー保存則が成り立つ。
3 衝突は、運動量保存則と反発係数の式を連立して解く。

1 力学的エネルギー：物体の持つ運動エネルギーと位置エネルギーの和。

運動エネルギーK：$K = \frac{1}{2}mv^2$(J)
重力による位置エネルギーU：$U = mgh$(J)

2 力学的エネルギー保存則：保存力（重力や弾性力）のみが仕事をする物体の運動では、力学的エネルギーが一定に保たれる。

$$K_1 + U_1 = K_2 + U_2 = (一定)$$

3 運動量$\vec{p}$：運動の勢いを表すベクトル量。$\vec{p} = m\vec{v}$
運動量保存則：物体系が外力を受けず、内力を及ぼし合うだけのとき、全体の運動量は変化しない。

$$m_1\vec{v_1} + m_2\vec{v_2} = m_1\vec{v'_1} + m_2\vec{v'_2} = (一定)$$

反発係数e：衝突前後の速さの比。

$$e = -\frac{v'_1 - v'_2}{v_1 - v_2} \quad (0 \leq e \leq 1)$$

$e = 1$を（完全）**弾性衝突**、$0 \leq e < 1$を**非弾性衝突**という。
特に$e = 0$を**完全非弾性衝突**といい、衝突後2物体は合体する。
壁に衝突する際は図の物体Bを壁と考え、速さ$v_2 = v'_2 = 0$とする。
直線上での衝突を考えるときは、運動量保存則、反発係数の2式をたて、連立して解く。

次の文の〔　　　〕に当てはまる言葉を答えなさい。

※以下、重力加速度を10m/s²とする。

1 質量4.0kgの物体が、速さ10m/sで進むときの運動エネルギーは〔　　　〕Jである。

200

2 地上から高さ10mの位置にある質量5.0kgの物体の持つ重力による位置エネルギーは〔　　　〕Jである。

500

3 なめらかな水平面上を速さ4.0m/sで運動していた小球が、なめらかな斜面を滑り上がった。小球の達する最高点は、水平面から高さ〔　　　〕mである。

0.8
運動量保存則より、
$\frac{1}{2} \times m \times 4.0^2 = m \times 10 \times h$
$h = 0.8$

4 ボールが速さ10m/sで壁に垂直にあたり、速さ8.0m/sで跳ね返ったときのボールと壁の間の反発係数の値は〔　　　〕である。

0.80
壁は速さ0

5 一直線上を正の向きに速さ15m/sで進む小球Aと反対向きに速さ10m/sで進む小球Bが衝突し、小球Aは速さ4.0m/sで正の向きに、小球Bは速さ8.0m/sで正の向きに運動した。このとき、2つの小球の間の反発係数の値は〔　　〕である。

0.16
$e = -\frac{4.0-8.0}{15-(-10)}$
$= 0.16$
代入するとき、数値の符号に注意。

6 一直線上を右向きに速さ4.0m/sで進む質量2.0kgの小球Aと左向きに速さ6.0m/sで進む質量1.0kgの小球Bが衝突した。衝突後、小球Aは速さ〔　①　〕m/sで〔　②　〕の向きに、小球Bは速さ〔　③　〕m/sで〔　④　〕の向きに運動する。なお、反発係数を0.50とする。

①1.0　②左
③4.0　④右
運動量保存則：
$2.0 \times 4.0 + 1.0 \times (-6.0)$
$= 2.0v'_A + 1.0\, v'_B$
反発係数：
$0.50 = -\frac{v'_A - v'_B}{4.0-(-6.0)}$

04 波と光

1. 波の3要素は振幅、波長、振動数。
2. 音波と光波の特徴を押さえよう。
3. ドップラー効果で、音の高さに変化が起こる。

1 波の要素は、振幅A（m）、波長λ（ラムダ）（m）、振動数f（Hz）（周期T（s））の3つ。振幅は山の高さ、波長は山から山までの長さ、振動数は、1秒間に山から山への往復を何回行うかである。

波の基本式：v（波の速さ）$= f\lambda$ $\qquad f = \dfrac{1}{T}$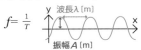

波の進行方向と媒質の振動方向によって、波の種類が変わる。

横波	波の進行方向と媒質の振動方向が垂直な波
縦波	波の進行方向と媒質の振動方向が平行な波

波の特徴は反射、屈折、回折、干渉の4つ。

反射	媒質の境界面で波が跳ね返る現象
屈折	波の進行方向が、媒質の境界面で折れ曲がる現象
回折	波が障害物の背後に回り込む現象
干渉	波と波が重なり合うとき、山どうし（谷どうし）は強めあい、山と谷は打ち消し合う現象

2 音波の特徴：縦波。空気中（15℃）の音速は約340（m／s）、振動数は音の高さ、振幅は音の大きさ、波形は音色に影響する。
光波の特徴：横波。電磁波。真空中で約30万km／s。分散（白色光をプリズムに通すと虹色に分かれる）か偏光（偏光板を通すと振動面が1つとなる）などの性質がある。

3 ドップラー効果：観測者と音源が、互いに近づいたり遠ざかったりするときに音の高さが変化する現象。音源が近づくと高く聞こえ、遠ざかると低く聞こえる。

次の文の [　　　] に当てはまる言葉を答えなさい。

1 波の3要素は、[①]、[②]、[③] である。

①振幅
②波長
③振動数（周期）
※順不同

2 図はある瞬間の波形を表している。振幅は [①] cm、波長は [②] cmである。

①1.0
②3.0

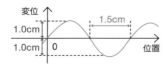

3 速さが2.0m/s、振動数4Hzの波の波長は [　　　] mである。

0.5

4 媒質が周期2.0秒で振動しているとき、振動数 f は [　　　] Hzである。

0.5
$f = \frac{1}{2.0} = 0.5$

5 波が障害物の背後に回り込む現象を [　　] という。

回折

6 空気中（15℃）の音速は約 [①] m/s、真空中の光速は約 [②] 万km/s。

①340
②30

次の文の正誤を○×で答えなさい。

1 音波は横波で、光波は縦波である。

×
横波と縦波が逆。

2 ドップラー効果によると、実際の音の高さに比べ、音源が近づくと高く聞こえ、遠ざかると低く聞こえる。

○

3 白色光をプリズムに通すと虹色が見られた。この現象を光の偏光という。

×
偏光➡分散

★★★

05 電気

1 電気の計算の基本は「オームの法則」と「電力の計算式」。
2 直列回路と並列回路の性質の違いを押さえよう。
3 合成抵抗は、直列が和、並列（2つ）が和分の積で計算。

1 電流I（A）　電圧V（V）　抵抗R（Ω）　電力P（W）
　電流と電圧は比例関係にあり、抵抗が比例定数にあたる。電力
（消費電力）の値は電圧と電流の積となる。
　　　$V = R \times I$（電圧＝抵抗×電流）［**オームの法則**］
　　　$P = V \times I$（電力＝電圧×電流）［**電力の計算式**］

2 電気回路

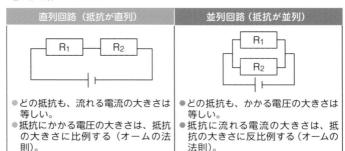

直列回路（抵抗が直列）	並列回路（抵抗が並列）
●どの抵抗も、流れる電流の大きさは等しい。 ●抵抗にかかる電圧の大きさは、抵抗の大きさに比例する（オームの法則）。	●どの抵抗も、かかる電圧の大きさは等しい。 ●抵抗に流れる電流の大きさは、抵抗の大きさに反比例する（オームの法則）。

3 合成抵抗とは、直列または並列につないだ抵抗を1つの抵抗とみなしたときの値である。

つなぎ方	計算方法	特徴
直列	$R = R_1 + R_2 + \cdots\cdots + R_n$	単純に和を取る。
並列	$\frac{1}{R} = \frac{1}{R_1} + \frac{1}{R_2} + \cdots\cdots + \frac{1}{R_n}$ 特に、抵抗が2つの場合、$R = \frac{R_1 \times R_2}{R_1 + R_2}$ でも求められる。	合成抵抗の逆数は、各抵抗の逆数の和に等しい。

次の文の [   ] に当てはまる言葉を答えなさい。

1 5Ωの抵抗に2Aの電流を流したときの電圧の大きさは [   ] Vである。

10
オームの法則から、
$V=RI=5×2=10V$

2 12Ωの抵抗に3Vの電圧を加えたとき、抵抗を流れる電流は [   ] Aである。

0.25
オームの法則から、
$I=\frac{V}{R}=\frac{3}{12}=0.25A$

3 抵抗に10Vの電圧を加えると1Aの電流が流れた。抵抗の大きさは [   ] Ωである。

10
オームの法則から、
$R=\frac{V}{I}=\frac{10}{1}=10Ω$

4 100Vで2Aの電流が流れる電化製品がある。消費電力は [   ] wである。

200
$P=100×2=200w$

5 100vで1200wの電力を消費する電化製品に流れる電流は、[   ] Aである。

12
電力の計算式より、
$I=\frac{P}{V}=\frac{1200}{100}$
$=12A$

6 100Vの電圧をかけると500wの電力を消費するニクロム線の抵抗は [   ] Ωである。

20
オームの法則と電力の計算式を用いる。
$100=RI$
$500=100I$
$I=5$なので$R=20$

7 40Ωの抵抗が2つある。この抵抗を直列につなぐと合成抵抗は [①] Ωとなる。並列につなぐと合成抵抗は [②] Ωとなる。

①80
　$40+40=80Ω$
②20
　$\frac{40×40}{40+40}=20Ω$

8 30Ωと50Ωの抵抗を直列につないだとき、合成抵抗は [   ] Ωである。

80
$30+50=80Ω$

9 30Ωと50Ωの抵抗を並列につないだとき、合成抵抗は [   ] Ωである。

18.75
$\frac{30×50}{30+50}=18.75Ω$

10 40Ωの抵抗2つと30Ωの抵抗1つの計3つを並列につないだとき、合成抵抗は [   ] Ωである。

12
2つずつ計算する。
$\frac{40×40}{40+40}=20Ω$
$\frac{20×30}{20+30}=12Ω$

01 元素と周期表

1 原子番号は陽子の数。質量数は陽子と中性子の合計数。
2 周期表と価電子数・イオンの価数の対応は要チェック。
3 1、2、17、18族の名称と特徴は頻出。

1 **原子**：物質を構成する最小単位。**陽子、中性子、電子**からなる。

陽子	正の電荷を持つ。質量数1。陽子数を原子番号という。
中性子	電気的に中性。質量数1。陽子と中性子の合計個数を質量数と呼ぶ（$^1_1$Hは中性子を持たない）。
原子核	陽子と中性子の集まり。
電子	負の電荷を持つ。陽子や中性子に比べ遥かに小さく（1/1840）、質量は無視できる。

同位体：原子番号が同じで質量数の異なるもの。

2 **周期表**：元素を原子番号順に並べたもの。

周期＼族	1	2	…	13	14	15	16	17	18
1	H								He
2	Li	Be		B	C	N	O	F	Ne
3	Na	Mg		Al	Si	P	S	Cl	Ar
4	K	Ca	…						
価電子数	1	2	※	3	4	5	6	7	0
イオンの価数	+1	+2		+3		−3	−2	−1	

※遷移元素：価電子数は1または2。イオンの価数は複数持つ。

3 1、2、12〜18族元素を**典型元素**と呼び、縦（同族元素）で性質が似る。3〜11族元素を**遷移元素**と呼び、隣り合うもの同士で性質が似る。

　アルカリ金属：Hを除く1族元素（Li、Na、Kなど）。

　アルカリ土類金属：Be、Mgを除く2族元素（Caなど）。

　ハロゲン：17族元素（F、Cl、Br、Iなど）。

　希ガス：18族元素（He、Ne、Ar、Kr、Xeなど）。単原子分子。

次の文の [　　　] に当てはまる言葉を答えなさい。

1 原子は原子核と [①] で構成されている。原子核は正の電荷を持つ [②] と電気的に中性な [③] で構成されている。

①電子
②陽子
③中性子

2 陽子の個数をその原子の [①] という。陽子と中性子の個数の和を [②] と呼ぶ。

①原子番号
②質量数

3 周期表は元素を [①] 順に並べている。横列を [②]、縦列を [③] と呼ぶ。

①原子番号
②周期
③族

4 ナトリウム原子（Na）は、最外殻に価電子を [①] 個持ち、電子を放出して [②] 価の [③] イオンとなる。

①1
②1
③陽

5 塩素原子（Cl）は、最外殻に価電子を [①] 個持ち、電子を受け取って [②] 価の [③] イオンとなる。

①7
②1
③陰

6 1、2、12〜18族元素を [①] 元素、3〜11族元素を [②] 元素と呼ぶ。

①典型
②遷移

7 17族元素を [①]、18族元素を [②] と呼ぶ。18族元素は化学的に安定で [③] 分子となる。

①ハロゲン
②希ガス
③単原子

次の文の正誤を○×で答えなさい。

1 原子番号は、その原子の中性子数に一致する。

×
中性子数➡陽子数

2 1族元素をアルカリ金属と呼ぶ。

×
水素（H）は除く。

1 主な化学結合は、共有結合、イオン結合、金属結合の3つ。
2 結晶の種類と代表的な物質を覚えよう。
3 コロイド溶液は、ろ紙は通るが半透膜は通らない。

1 ※〔非〕…非金属元素【金】…金属元素

共有結合：〔非〕と〔非〕の結合。**不対電子**の共有。例 水素、水

イオン結合：〔非〕と【金】の結合。陽イオンと陰イオンの間にはたらく**静電気力**（クーロン力）。例 塩化ナトリウム

金属結合：【金】と【金】の結合。陽イオン同士を**自由電子**が結びつけている。例 鉄、アルミニウムなどの金属

水素結合：電気陰性度の差による分子内の**極性**（電荷の偏り）によってできる結合。例 水、アンモニア、フッ化水素

分子間力（ファンデルワールス力）：分子間に働く引力。

2 **共有結晶**：共有結合による結晶。非常に硬く、電気を通さない（黒鉛除く）。例 ダイヤモンド、二酸化ケイ素、黒鉛

イオン結晶：陽イオンと陰イオンがイオン結合により規則正しく配列した結晶。固体は電気を通さないが、水に溶けて電離すると電気を通す。例 塩化ナトリウム、水酸化カリウム

金属結晶：金属結合による結晶。自由電子を持つため電気をよく通す。**展性**、**延性**に富む。例 鉄などの金属

分子結晶：分子が分子間力によって引き合ってできる結晶。例 ドライアイス、ヨウ素、ナフタレン

3 **コロイド粒子**：物質の種類に関係なく、直径10^{-7}～10^{-5}cmの大きさ（ろ紙は通るが半透膜は通らない程度）の粒子を指す。

疎水コロイド：少量の電解質を加えると沈殿する（凝析）。

親水コロイド：多量の電解質を加えると沈殿する（塩析）。

コロイドによる現象：**チンダル現象**、**ブラウン運動**、**電気泳動**。

次の文の [　　　] に当てはまる言葉を答えなさい。

1 非金属元素同士の結合を [　①　] 結合、
非金属元素と金属元素の結合を [　②　] 結合、
金属元素同士の結合を [　③　] 結合という。

①共有
②イオン
③金属

2 金属結合は陽イオン同士を [　　　] が結
びつけてできる。

自由電子

3 水分子同士は、[　①　] 力だけでなく
[　②　] 結合もはたらいている。

①分子間（ファンデ
ルワールス）
②水素

4 共有結合による結晶を [　①　] 結晶、陽
イオンが自由電子を共有してできる結晶を
[　②　] 結晶、陽イオンと陰イオンが静電気
力で結びついた結晶を [　③　] 結晶という。

①共有
②金属
③イオン

5 共有結合してできた分子が、分子間力によ
って配列した結晶を [　　　] 結晶という。

分子

6 直径10^{-7}～10^{-5}cmの大きさの粒子を
[　　　] 粒子と呼ぶ。

コロイド

7 少量の電解質を加えると沈殿するコロイド
は [　　　] コロイドである。

疎水

次の文の正誤を○×で答えなさい。

1 塩化ナトリウムは共有結合をもつ。

×
イオン結合である。

2 ドライアイスやヨウ素は分子結晶である。

○

自然科学

化学

★★
03 酸と塩基

1 強酸・強塩基は電離度が1の物質。
2 中和反応は、酸と塩基から塩と水を生じる反応。
3 中和滴定の計算は公式を利用する。

1 **アレーニウス**：酸はH^+を、塩基はOH^-を生じるもの。
ブレンステッド：酸はH^+を与え、塩基はH^+を受け取るもの。
酸・塩基の強弱は**電離度**で決まり、電離度が1に近い物質は「強」がつく。1分子がH^+を放出または受け取る個数が**価数**。

価数	弱酸	強酸	弱塩基	強塩基
1	酢酸	塩酸	アンモニア	水酸化ナトリウム
2	炭酸	硫酸	水酸化銅（Ⅱ）	水酸化カルシウム
3	リン酸		水酸化鉄（Ⅲ）	

酸の強弱の大きさは、水素イオン濃度 $[H^+]$ で表される。
水素イオン指数$pH = -\log_{10} [H^+]$
特に $[H^+] = 10^{-x}$ のとき、$pH = x$ となる。
水のイオン積K_w：水は水中でわずかにH^+とOH^-に電離。
$K_w = [H^+][OH^-] = 1.0 \times 10^{-14} \ (mol/L)^2$ （25℃）

2 **中和反応**：酸と塩基が反応し、**塩と水**を生じる反応。
塩の分類：**酸性塩**（化学式中にHがある）、**正塩**（HもOHもない）、**塩基性塩**（OHがある）。（注）水溶液の液性とは関係がない。

3 **中和滴定**：濃度が既知の酸（塩基）を用いて未知の塩基（酸）の濃度を決定する操作。酸のモル濃度$c \ (mol/L)$、体積$v \ (L)$、価数a、塩基のモル濃度$c' \ (mol/L)$、体積$v' \ (L)$、価数bとする。
酸と塩基が過不足なく中和するとき【H^+物質量】＝【OH^-物質量】なので$acv = bc'v'$が成り立つ。

次の文の [   ] に当てはまる言葉を答えなさい。

1 アレーニウスの酸塩基の定義では、酸は、[①] イオンを生じるもの、塩基は [②] イオンを生じるものである。ブレンステッドの酸塩基の定義では、塩基は [③] イオンを受け取るものである。

①水素
②水酸化物
③水素

2 強酸とは [   ] が1に近い酸である。

電離度

3 水素イオン濃度 $[H^+]=10^{-3}$ のとき、水素イオン指数pH= [   ] である。

3

4 $K_w=[H^+][OH^-]$ を [   ] という。

水のイオン積

5 中和では [①] と [②] が生じる。

①塩
②水 ※順不同

6 化学反応式 $KOH+HCl→KCl+H_2O$ における塩は [   ] である。

KCl（塩化カリウム）

7 $NaHCO_3$ は [   ] 塩である。

酸性

8 0.4（mol/L）の塩酸60（mL）を中和させるのに0.3（mol/L）水酸化カルシウム水溶液を [   ]（mL）要する。

40
HClは1価の酸、
$Ca(OH)_2$ は2価の塩基。
$0.4×60×1=0.3×$
$x×2$

次の文の正誤を○×で答えなさい。

1 酢酸は1価の強酸である。

×
1価の弱酸

2 酸性塩の水溶液は酸性を示し、塩基性塩の水溶液は塩基性を示す。

×
液性とは関係のない分類。

04 酸化と還元

1 酸化還元反応は、電子の受け渡しによる。
2 イオン化傾向が大きいほど陽イオンになりやすい。
3 電池の仕組みと種類をチェックしよう。

1 **酸化還元反応**：電子の受け渡しによる反応。必ず酸化剤と還元剤の組み合わせで起こる。
酸化剤：相手を酸化し自身は還元される物質。例 酸素
還元剤：相手を還元し自身は酸化される物質。例 金属

	酸素	水素	電子	酸化数
酸化	酸素を得る	水素を失う	電子を失う	増加
還元	酸素を失う	水素を得る	電子を得る	減少

2 **イオン化傾向**：金属の水溶液中での陽イオンへのなりやすさ。イオン化傾向の順に並べたものが**イオン化列**である。

イオン化列	Li K Ca Na Mg Al Zn Fe Ni Sn Pb (H_2) Cu Hg Ag Pt Au 大 ←——————イオン化傾向——————→ 小		
空気中での反応	すぐに酸化される	常温で徐々に酸化され、表面に酸化被膜ができる	反応しない
水との反応	常温の水と激しく反応	熱水と反応 / 高温水蒸気と反応	反応しない
酸との反応	塩酸・希硫酸などの薄い酸と反応し、H_2を発生する	酸化力の強い酸と反応	王水と反応

3 **電池**：酸化還元反応で生じるエネルギーを電気エネルギーとして取り出す装置。負極は電子を放出（酸化反応）。陽極は電子が流れ込む（還元反応）。
ダニエル電池の仕組み：正極に銅板、負極に亜鉛板、電解液に硫酸亜鉛水溶液と硫酸銅水溶液を用いる。イオン化傾向の大きい方の亜鉛が溶けだし、銅イオンは銅として析出する。

次の文の [   ] に当てはまる言葉を答えなさい。

1 物質が電子を受け取る反応を [①] と
いい、電子を失う反応を [②] という。

①還元
②酸化

2 酸化されると酸化数は [①] し、還元
されると酸化数は [②] する。

①増加
②減少

3 金属の水溶液中での陽イオンへのなりやす
さを [   ] という。

イオン化傾向

4 鉄は酸と反応し [   ] を生じる。

水素

5 プラチナや金は [   ] と反応し溶ける。

王水

6 電池は、酸化還元反応で生じるエネルギー
を [   ] エネルギーとして取り出す装置で
ある。

電気

7 ダニエル電池は、正極が [①] 板、負
極が [②] 板である。

①銅（Cu）
②亜鉛（Zn）

次の文の正誤を○×で答えなさい。

1 相手を酸化し自身は還元される物質を還元
剤、相手を還元し自身は酸化される物質を酸化
剤という。

×
酸化剤と還元剤が逆。

2 KやCaは水と激しく反応し、AlやZnは高
温の水蒸気と反応する。

○

3 ナトリウムは銅よりイオン化傾向が大きい。

○

物質の性質

★★★

1 アルカリ金属とアルカリ土類金属の共通点をチェックする。
2 ハロゲンは陰イオンとなりやすいため酸化力が強い。
3 気体は「同じ性質をもつ気体は何か」に着目して覚えよう。

1 アルカリ金属とアルカリ土類金属の共通点：単体は金属金属と空気中で酸化されやすい。水と激しく反応し水素を発生、強塩基性の水酸化物を生じる。炎色反応を示す。

Li（赤）Na（黄）K（赤紫）Ba（黄緑）Ca（橙赤）Cu（青緑）Sr（紅）

NaOH	潮解性、強塩基性、空気中の二酸化炭素と反応。
Na_2CO_3	工業的製法はアンモニアソーダ法（ソルベー法）。
CaO（生石灰）	水に溶け$Ca(OH)_2$が生成。塩基性乾燥剤。
$Ca(OH)_2$（消石灰）	水溶液は石灰水。CO_2を吹き込むと$CaCO_3$の白色沈殿が生じ白く濁る。さらに吹き込み続けると$Ca(HCO_3)_2$に変化し濁りが消え無色透明になる。
Ca_2CO_3	石灰石（大理石）、貝殻。HClに溶けCO_2発生。

2 ハロゲンとは、第17族に属する元素の総称。

電気陰性度：$F_2 > Cl_2 > Br_2 > I_2$反応性の高い順でもある。

F_2（フッ素）	常温常圧で気体。電気陰性度が最大で化合物を作りやすい。
Cl_2（塩素）	常温常圧で気体。水溶液には酸化・漂白・殺菌作用がある。
Br_2（臭素）	赤褐色。常温常圧で液体。
I_2（ヨウ素）	黒紫色。常温常圧で固体。昇華性がある。デンプンと反応し青紫色を呈する（ヨウ素デンプン反応）。

3 気体の性質と特徴

有色：O_3［淡青］、F_2［淡黄］、Cl_2［黄緑］、NO_2［赤褐］

無臭：H_2、O_2、N_2、CO_2、CO、NO

におい：［腐卵臭］H_2S、［特異臭］O_3、［刺激臭］Cl_2、NO_2、SO_2、NH_3、HCl

水に溶けにくい：H_2、N_2、O_2、O_3、CO、NO

次の文の [   ] に当てはまる言葉を答えなさい。

1 アルカリ金属やアルカリ土類金属は、水と反応し [①] を発生しながら溶け、強塩基性の [②] を生じる。

①水素
②水酸化物

2 炎色反応でNaは [①] 色、Caは [②] 色を示す。

①黄
②橙赤

3 水酸化ナトリウムは、空気中の水分を徐々に吸収する [   ] 性を持つ。

潮解

4 酸化カルシウムを水に溶かすと [①] 水溶液となる。これに二酸化炭素を吹き込むと [②] が生じて白く濁る。さらに吹き込み続けると、[③] が生じて無色透明となる。

①水酸化カルシウム
$Ca(OH)_2$
②炭酸カルシウム
$CaCO_3$
③炭酸水素
カルシウム
$Ca(HCO_3)_2$

5 石灰石や貝殻の主成分である [①] は、塩酸と反応し [②] を発しながら溶ける。

①炭酸カルシウム
$CaCO_3$
②二酸化炭素
CO_2

6 フッ素は [   ] が最大であるため、反応性が高く化合物を作りやすい。

電気陰性度

7 塩素は水に溶け、その水溶液には [①]、[②]、[③] 作用がある。

①酸化
②漂白
③殺菌 ※順不同

8 ハロゲンの単体のうち常温常圧で液体のものは [   ] である。

臭素

次の文の正誤を○×で答えなさい。

1 オゾンは淡黄色、二酸化窒素は無色である。

×
淡青色と赤褐色

01 遺伝子と遺伝

1 遺伝とは、遺伝子（DNA）により子へ形質を伝えること。
2 遺伝は主にメンデルの遺伝法則に従って行われる。
3 ヒトゲノムを構成する30億対の塩基配列が解明された。

1 DNAの構造と細胞分裂

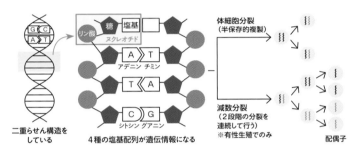

二重らせん構造をしている

4種の塩基配列が遺伝情報になる

体細胞分裂
（半保存的複製）

減数分裂
（2段階の分裂を
連続して行う）
※有性生殖でのみ

配偶子

2 生物がもつ形や性質を**形質**といい、対になる形質を対立形質という。形質を決める遺伝子は規則に従って受け継がれる。

● メンデルの遺伝法則

2つの対立遺伝子A（優性、丸）、a（劣性、しわ）に着目。

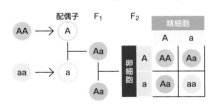

※分離の法則により、
　Aとaは2つの配偶子に分離

※ Aa は優性の法則により、丸

※表現型：丸 ・ しわ

　遺伝子型：AA 、Aa 、aa

3 ヒトの遺伝子解明による医学の発展に加え、遺伝子組み換えによる作物の品種改良の技術も発展してきている。

次の文の正誤を○×で答えなさい。

1 DNAの塩基はアデニン、ウラシル、グアニン、シトシンの4種である。

×
ウラシル➡チミン

2 ヒトは全ての細胞の核に23対で46本の染色体をもっている。

×
生殖細胞には染色体が23本しかない。

3 山中伸弥らは、体細胞からさまざまな細胞に分化可能な能力をもつES細胞をつくることに成功した。

×
ES細胞ではなくiPS細胞。

4 遺伝的浮動は、進化の要因となる。

○

次の文の〔　　〕に当てはまる言葉を答えなさい。

1 DNAは、2本鎖が〔　　〕的な塩基同士が水素結合をし、二重らせん構造をつくる。

相補
組合せはA-T、C-G。

2 両親から同じ形質の遺伝子を受け継いだものをホモ接合といい、異なる形質を受け継いだものを〔　　〕接合という。

ヘテロ
遺伝子型はホモをTT、ヘテロをTtのように表す。

3 対立形質が遺伝するとき、劣性の形質は現れず、必ず〔　　〕の形質が現れる。

優性
優性の法則という。

4 対立する遺伝子間の優劣関係が不完全なものを〔　　〕という。

不完全優性

5 〔　　〕法則では、配偶子が形成時に相同染色体が各々分かれて別の配偶子に入る。

分離の

6 特定のDNA領域を増幅させる方法を〔　　〕という。

PCR法

生物

02 動物の反応と行動

1 ヒトは感覚器で受けた刺激を神経を通して認知し反応する。
2 脊椎動物の中枢神経は脳と脊髄からなる。
3 刺激によって受容細胞（感覚細胞）が異なる。

1 脊椎動物は、眼や皮膚などの受容器で刺激を受けると神経系を通してその興奮が伝わり、筋肉や腺などが反応をする。高等な動物になるほど神経細胞（ニューロン）同士の連絡が複雑になるため、中枢神経となる脳や脊髄が発達した。

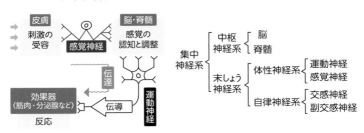

※「伝導」は神経内、「伝達」は別の神経細胞への情報の受渡しのこと。

2 ヒトの脳は神経細胞の細胞体が集まる**皮質**と神経繊維が集まる**髄質**に分けられる。特に皮質は、高度な知能活動に関係する**新皮質**と本能的な活動や情動、記憶などに関係する**辺縁系**とに分かれ、脳は大脳、小脳、中脳、間脳、延髄に分かれる。

3 ヒトの感覚器

視覚	聴覚・平衡覚
網膜にある色を識別する錐体細胞と微弱な光も感じる桿体細胞の2種の視細胞が光により興奮し、視神経を通じて大脳が認識する。	外耳、中耳で収集・拡大された音を識別する内耳の聴細胞だけでなく、回転や傾きを感じる平衡覚の受容器（前庭と半規管）もある。

次の文の正誤を○×で答えなさい。

1 脊髄は嗅覚以外の各種感覚の中継を行い、自律神経系と内分泌系の中枢である。

×
脊髄➡間脳

2 間脳は視床と視床下部に分けられる。視床は自律神経系の中枢である。

×
2文目の視床➡視床下部

3 交感神経と副交感神経は拮抗し作用する。

○

4 交感神経と副交感神経は、血液中のO_2濃度を感知し、心臓の拍動数を調節する。

×
O_2濃度➡CO_2濃度

5 内耳の半規管が傾きを、前庭が回転を感知し、平衡感覚となっている。

×
半規管と前庭が逆。

6 ヒトの眼は、遠くを見るとき、水晶体がチン小帯に引かれて薄くなる。そして水晶体の屈折率は小さくなり、焦点距離が長くなる。

○
近くを見るときは水晶体が厚くなる。

7 神経細胞が刺激を受けて発生する活動電位の大きさは、刺激の強さにより変化する。

×
活動電位は一定。

次の文の [　　　] に当てはまる言葉を答えなさい。

1 [　　　] は眼球運動や瞳孔反射の中枢であり、姿勢保持を行う。

中脳

2 視神経が束になっていて視細胞がない部分を [　　　] という。

盲点

3 有髄神経では [　　　] が起こるため、無髄神経に比べ、興奮の伝導速度が大きい。

跳躍伝導

03 代謝

1 生体内でおきる化学反応には酵素が関わっている。
2 生体内でエネルギーは様々に変化し、利用される。
3 ATPは好気呼吸と嫌気呼吸(発酵など)によって合成される。

1 生体内で行われる化学反応（代謝）には酵素が密に関係している。酵素には基質特異性があり、特定の物質の化学反応を促進する。酵素がはたらくのに最適なpHと温度がある。

2 取り入れた無機物から細胞内で有用な物質をつくる反応を同化といい、有機物を分解してエネルギーを放出する過程を異化という。生物の体内で使われるエネルギー（ATP）を構成する3つのリン酸は高エネルギーリン酸結合でつながる。

3 エネルギー通貨と呼ばれるATPは、ミトコンドリアの好気呼吸や発酵により合成される。発酵ではグルコースが完全に分解されないため、呼吸と比べ効率が悪く、ATPと共にアルコールや乳酸とが生成される。アルコール発酵は酵母、乳酸発酵は乳酸菌が行うが、ヒトも激しい運動をした際に、筋肉内で酸素を使わずグルコースやグリコーゲンを分解し乳酸とATPをつくる。

● 代謝とエネルギー代謝

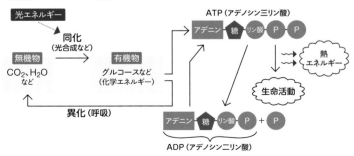

次の文の正誤を○×で答えなさい。

1 動物の筋肉内では好気呼吸と嫌気呼吸が行われ、両方の過程で乳酸ができる。

×
嫌気呼吸でのみ。

2 アミラーゼは、だ液とすい液に含まれており、デンプンをマルトースにまで分解する。

○

3 ヒトが合成する乳酸の多くは、腎臓へ運ばれ、グリコーゲンに変えられる。

×
腎臓➡肝臓

4 ATPの高エネルギーリン酸結合が切れるときにエネルギーが放出される。

○

5 根粒菌は異化の過程で窒素固定を行う。

×
異化➡同化

6 光合成速度は、光合成速度を決める3つの要因の最も不足しているものによって決まる。

○
3つの要因は、温度、光の強さ、水。

7 ペプシンの最適pHは13.0前後である。

×
13.0➡2.0（胃酸内）

生物

次の文の〔　　　〕に当てはまる言葉を答えなさい。

1 酵母によるアルコール発酵では、グルコースが分解され〔　　〕ができる。

エタノール

2 酵素は高温下では〔　　　〕する。

失活
立体構造が壊れる。

3 呼吸には酸素を使う〔　①　〕と酸素を使わない〔　②　〕がある。

①好気呼吸
②嫌気呼吸

4 光合成速度は、〔　　　〕と見かけの光合成速度の和で求めることができる。

呼吸速度

169

★★★
04 恒常性 (ホメオスタシス)

1 **体内環境をほぼ一定に保つ性質を恒常性という。**
2 **ホルモンには、タンパク質系とステロイド系がある。**
3 **体は色々な免疫により守られている。**

1 脊椎動物の体液は、**血液**、**組織液**、そして**リンパ液**からなり、細胞に必要な物質を運ぶ。**恒常性**は、自律神経系や内分泌系の調整を受け、腎臓や肝臓、循環系などの器官により保たれる。酸素含有量が多い血液を**動脈血**、少ない血液を**静脈血**という。

2 ヒトの体では、ホルモンにより水分量や無機塩類量などが調節される。ホルモンは内分泌腺で合成後、体液に分泌され、全身を巡り、特定の受容体と結合する。微量で、効果が持続する。

3 皮膚や粘膜のバリアを破り体内に病原体などの異物が入ると、**自然免疫**と**獲得免疫**が機能する。前者では、白血球による食作用が非特異的にはたらく。後者には、**体液性免疫**と**細胞性免疫**の2種があり、特異的にはたらく。

●免疫のしくみ

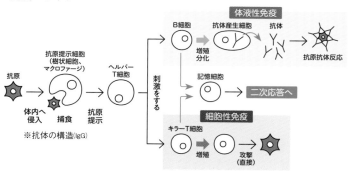

次の文の正誤を○×で答えなさい。

1 血液は、赤血球、血小板、白血球の3つの有形成分のみでできている。

×
血漿(液体成分)も含まれる。

2 肺動脈には動脈血が流れ、肺静脈には静脈血が流れる。

×
動脈血と静脈血が逆。

3 すい臓のランゲルハンス島B細胞から分泌するインスリンは血糖量を増加させる。

×
増加⇒減少

4 甲状腺から分泌されるチロキシンは、代謝を抑制させる。

×
抑制⇒促進

5 抗原を抗体によって排除することを細胞性免疫とよぶ。

×
体液性免疫の説明。

6 予防接種では、弱毒化させた毒素を注射し、体内にこれに対抗する免疫をつくり、病気の予防を行う。

○
弱毒化させた毒素＝ワクチン。

次の文の [　　] に当てはまる言葉を答えなさい。

1 骨髄で産まれ、肝臓などで破壊される赤血球は [　　] を含み、酸素を運搬する。

ヘモグロビン
脾臓でも破壊される。

2 すい臓のランゲルハンス島A細胞からは [　　] が分泌され、血糖量が増加する。

グルカゴン

3 分泌中枢が血液中のホルモン量を感知し、分泌量を調整する [　　] を行う。

フィードバック調節

4 HIVは免疫細胞の [　　] を破壊する。感染者は日和見感染が起こりやすくなる。

ヘルパーT細胞

05 進化

★★

1 生物の分類の基本単位は「種」である。
2 進化とは、ある生物の遺伝的性質が集団内に広がること。
3 生物が進化してきた道筋を系統と呼ぶ。

1 生物をその共通性に基づきグループ分けすることを分類という。分類の階級は、一番小さいものから種→属→科→目→綱→門→界→ドメインである。

2 約46億年の地球の歴史の中で、生物は新たな種が形成されない程度の小進化や、無脊椎動物から脊椎動物が出現するような大進化を遂げてきた。染色体複製時の誤りや紫外線などの要因により、DNAの塩基配列や染色体の構造・数が変化する突然変異が生じ、集団内の遺伝子構成が変化する。その後、自然選択や隔離、遺伝的浮動などにより、新たな種が生じていった。

● ウーズの三ドメイン説

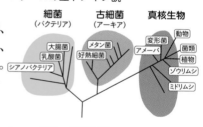

3 系統図の作成には、形態や発生様式だけでなくDNAなどの塩基配列の比較を行う。ウーズはリボソームRNAの構造をもとに細菌、古細菌、真核生物という3つのドメインに分類を行った。その他にも三界説やマーグリスによる五界説などもある。

● マーグリスの五界説

次の文の正誤を○×で答えなさい。

1 発生の起源が同じで、同様の基本構造をもつ器官を相似器官という。

×
相似器官➡相同器官

2 サメとイルカが似た形に進化したのは、同じような生息環境から同じような自然選択を受けたためである。

○
収束（収れん）進化。

3 恒温動物は、種分化において温暖な地域でも寒冷な地域でも小型化していく。

×
寒冷地域は大型化。

4 種分化には、生殖的隔離の成立が伴う。

○

5 進化はある決まった目的のために、あらかじめ決まった方向に変化することである。

×
突然変異は偶発的。

6 三ドメイン説によると、真核生物は古細菌よりも細菌に近い系統である。

×
古細菌に近い系統。

7 細菌類と菌類は共に原核生物である。

×
菌類は真核生物。

次の文の [　] に当てはまる言葉を答えなさい。

1 異なる生物が、互いに影響を及ぼし合いながら進化することを [　] という。

共進化

2 一定の条件がそろった集団（メンデル集団）内の対立遺伝子の比率は世代を重ねても変化しないことを [　] の法則という。

ハーディ・ワインベルグ

3 ダーウィンは、用不用説などに対して、[　] 説に基づく進化論を提唱した。

自然選択

01 地球とその内部構造

1 地球内部は構成物質の違いや硬さで区分される。
2 プレートテクトニクスによって様々な地殻変動が生じる。
3 プレート境界の種類と日本付近のプレートの名称を確認。

1 地球内部の構造

モホロビチッチ不連続面（モホ面）：地殻とマントルの境目。

リソスフェアは硬く、アセノスフェアは柔らかい。リソスフェアは、地殻とマントル上部をあわせたものに同じ。

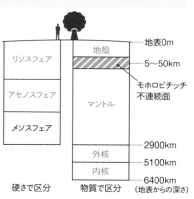

2 プレートテクトニクス：

プレートの動きによって地殻変動が生じるという考え方。

リソスフェアは、数十枚の**プレート**に別れて地球を覆っており、**大陸プレート**と**海洋プレート**の2種類が存在する。プレートは、**プルーム**と呼ばれる地級深部からのマントル湧き上がり・対流によって、年に数cm程度の速さで動いている。

3 プレート境界の種類

拡大する境界	収束する境界	すれ違う境界
海嶺	海溝	トランスフォーム断層

日本近海のプレート

大陸プレート：**ユーラシアプレート**、**北アメリカプレート**

海洋プレート：**太平洋プレート**、**フィリピン海プレート**

島弧－海溝系と呼ばれる地震や火山活動の活発な構造を作っている。

次の文の [ ] に当てはまる言葉を答えなさい。

1 地球の最も表層を [   ] という。

地殻

2 海洋地殻は [①] 岩質の岩石であり、マントルは [②] 岩質である。

①玄武
②かんらん

3 地殻とマントルの境界面を [   ] という。

モホロビチッチ不連続面（モホ面）

4 マントルの下の層は、地表に近い順に [①]、[②] となっている。

①外核
②内核

5 外核や内核を構成している主たる物質は [   ] である。

鉄・ニッケル

6 地球表層の硬い層を [①] といい、複数の [②] に分かれている。

①リソスフェア
②プレート

7 プレートの動きによって地殻変動が生じるという考え方を [   ] という。

プレートテクトニクス

8 海嶺はプレートが [①] 境界であり、海溝はプレートが [②] 境界である。

①拡大する
②収束する

次の文の正誤を○×で答えなさい。

1 大陸地殻は30〜50km、海洋地殻は5〜10kmの厚さである。マントルの主成分はFeとNiであり、核の主成分はSiO_2である。

×
マントルの主成分はSiO_2、核の主成分はFeとNi。

2 ユーラシアプレートの下に北アメリカプレートが沈み込む。

×
フィリピン海プレートが沈み込むが正しい。

02 火山・岩石

1 火山の噴火までの過程と火山噴出物の種類を覚えよう。
2 火山の形状は、マグマの粘性（SiO₂含有量）で決まる。
3 岩石は、火成岩、堆積岩、変成岩に分類される。

1 マグマは地中の岩石が融解してできる。マグマだまりでマグマ
の揮発性成分が分離し圧力が上昇することで噴火が起こる。
　火山噴出物：噴火で噴出される物質。溶岩、火山ガス（主成分は
水蒸気）、火山砕屑物（火山灰・火山弾）がある。

2 火山の形状：火山の形状は、マグマの粘性（二酸化ケイ素
〈SiO₂〉の含有量）の違いで決まる。マグマの粘性が小さい方か
ら順に楯状火山、成層火山、鐘状火山となる。

● マグマの粘性と火山の形状

SiO₂含有量	少 ──────────────→ 多		
マグマの粘性	小 ──────────────→ 大		
火山形状	楯状火山	成層火山	鐘状火山
例	マウナロア山 キラウエア火山	富士山 浅間山	昭和新山 雲仙普賢岳

3 岩石は火成岩、堆積岩、変成岩の3種類に分けられる。
　火成岩：マグマが冷え固まってできた岩石。火山岩（地表付近
で急速に冷え固まったもの）と深成岩（地下深くでゆっくり冷
え固まったもの）に分けられる。
　堆積岩：岩石が風化、侵食、運搬され堆積し、続成作用によっ
てできる岩石。
　変成岩：温度や圧力の変化による変成作用によってできる岩石。

次の文の〔　　　〕に当てはまる言葉を答えなさい。

1〔　①　〕で、マグマの揮発性成分が分離し、〔　②　〕と、噴火が起こる。

①マグマだまり
②圧力が上昇する

2 火山噴出物は、〔　①　〕、〔　②　〕、〔　③　〕がある。

①溶岩
②火山ガス
③火山砕屑物
※順不同

3 火山ガスの主成分は〔　　　　〕である。

水蒸気

4 マグマの粘性は、〔　①　〕の含有量が多いほど粘性が大きい。

二酸化ケイ素
(SiO_2)

5 火山の形状には、傾斜の緩やかな〔　①　〕火山や溶岩と火山砕屑物が交互に重なった〔　②　〕火山、爆発的な噴火となる〔　③　〕火山がある。

①楯状
②成層
③鐘状

6 マグマが地上付近で急速に冷え固まった岩石を〔　　　　〕という。

火山岩

7 サンゴや貝殻が堆積してできる岩石を〔　　　　〕という。

石灰岩

次の文の正誤を○×で答えなさい。

1 火山砕屑物は、噴火の際に山体の一部やマグマが飛び散ったものである。

○

2 マグマの粘性で、火山の形状や噴火の仕方に変化はない。

×
マグマの粘性は、火山の形や噴火現象に様々な影響を与える。

3 堆積岩は変成作用により作られる。

×
変成作用⇒続成作用

03 地震

1 地震波の種類は、P波、S波、表面波の3種類がある。
2 マグニチュードは地震の規模、震度は揺れの程度を表す。
3 地震の種類と発生原因、発生場所の違いを押さえよう。

1 代表的な地震波は、P波、S波、表面波の3種類。

● 地震波の種類と特徴

種類	速度	特徴
P波	5〜7km/秒	初期微動。固体・液体・気体全て伝わる縦波。
S波	3〜4km/秒	主要動。固体のみ伝わる横波。
表面波	3km/秒	地球表面に沿って伝わる波。

初期微動継続時間：P波が到着してからS波が到着するまでの時間であり、震源距離に比例する（大森公式）。

縦波・横波は物理的な特徴であり、実際の揺れの向きを表す縦揺れ・横揺れとは異なる。

2 マグニチュード（M）は、地震そのものの規模（エネルギーの大きさ）で、値が1大きくなると、エネルギーは32倍となる。震度は、ある観測地点における揺れの程度である。日本では10段階で表される（震度0〜7、5と6は強弱あり）。

3 地震の発生場所と特徴

分類	発生場所	特徴
発生箇所	海溝型地震	プレートの境界である海溝付近で発生。大地震となりやすく、津波を伴うこともある。
	陸域の浅い地震	ともにプレート内部の地震。震源の浅い地震は比較的規模は小さいが、人の住む地域の近くで起こると、大きな災害となりやすい。直下型地震。
	沈み込むプレート内の地震	
	火山性地震	マグマの活動等で起こる地震。
深さ	浅発地震	深さ数十km程度で発生する地震。
	深発地震	深さ数百km程度で発生する地震。深発地震面をつくる。

次の文の [   ] に当てはまる言葉を答えなさい。

1 代表的な地震波の種類は [①]、[②]、[③] の3種類がある。

①P波
②S波
③表面波 ※順不同

2 地震が発生すると、観測地点では [①] と呼ばれる小さな揺れが観測され、その後大きな揺れである [②] が観測される。また、到達時間の差を [③] と呼ぶ。

①初期微動
②主要動
③初期微動継続時間

3 初期微動継続時間は、[   ] からの距離に比例する。

震源

4 地震の規模を表す [①] は、値が1大きくなるとエネルギーは [②] 倍となる。

①マグニチュード
②32

5 地震の揺れの程度を表す [①] は、日本において [②] 段階で表される。

①震度
②10

6 [①] 地震は、マグニチュードの大きな大地震となりやすく、[②] 地震は、いわゆる直下型地震となる。

①海溝型
②陸域の浅い

7 [   ] 地震は、震源の深さが数百kmあり、深さ700km付近が最深となる。

深発

8 マグマや火山ガスの活動で引き起こされる地震を [   ] 地震という。

火山性

次の文の正誤を○×で答えなさい。

1 P波は縦波、S波は横波である。

○

04 大気と海洋

1 大気は、地表から順に対流圏、成層圏、中間圏、熱圏である。

2 大気の組成は、多い順に窒素、酸素、アルゴン、二酸化炭素、その他である。

3 環流と深層循環の違いを押さえよう。

1 大気の層構造とその特徴

名称	特徴
熱圏	高さとともに気温が上がる。オーロラの見られる領域。
中間圏	高さとともに気温が下がる。
成層圏	対流圏との境界を圏界面と呼ぶ。高さとともに気温が上がり、オゾン層がある領域。
対流圏	上空10〜16kmまで。高さとともに気温が下がる。気象現象が起こる領域。

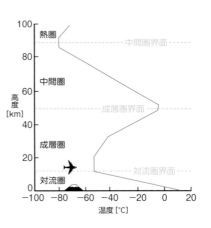

2 地表から中間圏付近まで大気組成はほぼ一定である。その成分は、**窒素78％、酸素21％**でアルゴンや二酸化炭素も含まれる。

3 海流は、海水の水平方向の流れを指す。日本近海には、黒潮、対馬海流、親潮、リマン海流が流れている。

環流：海流の大規模な循環。北半球では時計回り、南半球では反時計回りである。

深層循環：表層の海水が沈み込み、全海洋の深層を1000〜2000年かけて流れる大規模な循環。

次の文の [　　] に当てはまる言葉を答えなさい。

1 地表から高さ10〜16kmまでの層を [①] という。その上に [②] があり、その境界を [③] と呼ぶ。

①対流圏
②成層圏
③圏界面

2 成層圏中の高さ約10〜50kmに [　] 層が広がっている。

オゾン

3 オーロラが見られるのは [　　] である。

熱圏

4 大気の組成のうち最も多く含まれるのは [①] で、次いで [②] である。

①窒素
②酸素

5 海流の大規模な循環を [　　] という。

環流

6 北半球の太平洋上の環流は、北赤道海流、北太平洋海流、カリフォルニア海流、[　] の4つの海流で作られる。

黒潮

7 深層を流れる大規模な循環を [①] といい、表層に戻るまでに [②] 〜 [③] 年を費やす。

①深層循環
②1000
③2000

次の文の正誤を○×で答えなさい。

1 オゾン層は中間圏にある。

×
中間圏➡成層圏

2 大気の組成は、大気圏ではどこも常に一定である。

×

3 環流は北半球では時計回り、南半球では反時計回りである。

○

05 太陽と太陽系

1 太陽の構造は中心から核、光球、彩層、コロナの順である。
2 太陽表面で起こる現象は、黒点、白斑、フレア、プロミネンス（紅炎）の4つを押さえよう。
3 太陽系の各惑星の特徴を押さえよう。

1 太陽の半径は地球の約109倍、質量は地球の約33万倍である。太陽の構造は、中心から順に核、光球、彩層、コロナとなっている。核は、約1500万Kで、核融合反応により、水素からエネルギーを生成している。光球は太陽の本体にあたり、その表面温度は約6000K。彩層とコロナは大気の層にあたり、コロナは約100万Kである。

2 太陽表面で起こる現象には、黒点、白斑、フレア、プロミネンス（紅炎）がある。黒点は、光球表面の周りより温度の低い部分で約4000K。白斑は、黒点とは逆に周りより温度の高い部分で約1万K。フレアは、太陽表面の爆発現象で、電磁波、荷電粒子を放出し、地球に通信障害などの影響を及ぼす。プロミネンスは、彩層から吹き出る巨大な炎である。

3 太陽系の惑星は、地球型惑星（水星・金星・地球・火星）と木星型惑星（木星・土星・天王星・海王星）に分けられる。

● 太陽系の惑星とその特徴

惑星	特徴
水星	大気がない。昼夜の温度差が激しい。
金星	二酸化炭素を主成分とする大気による温室効果。自転と公転の向きが逆。
火星	季節変化。二酸化炭素を主成分とする薄い大気。
木星	太陽系最大の半径。大赤斑がある。
土星	太陽系で2番目に半径が大きい。リングがある。
天王星	メタンを含む大気により青く見える。天王星はほぼ横倒しになって自転。
海王星	

次の文の [   ] に当てはまる言葉を答えなさい。

1 太陽の中心には [①] があり、水素の [②] により、エネルギーを放出している。

①核
②核融合反応

2 太陽表面の光を出している層を [①] という。その表面温度は約 [②] Kである。

①光球
②6000

3 光球面には、周囲より温度の低い [①] や、周囲より温度の高い [②] がある。

①黒点
②白斑

4 光球の外側は、[①]、[②] の順に大気の層がある。

①彩層
②コロナ

5 太陽表面で起こる爆発現象を [①] という。このとき [②] や [③] が放出され、地球にさまざまな影響が及ぼされる。

①フレア
②電磁波
　（X線・ガンマ線）
③荷電粒子

6 太陽系の [①] 個の惑星のうち、太陽に最も近く、かつ最も小さい惑星は [②] で、最も遠い惑星は [③] である。また、最大の惑星は [④] である。

①8
②水星
③海王星
④木星

7 金星の大気の主成分は [①] である。気圧は、地球の [②] 倍で温室効果が高く、表面気温は約 [③] ℃である。

①二酸化炭素
②90
③460

8 木星の主成分は、太陽と同じく [①] や [②] である。

①水素
②ヘリウム

9 太陽系の惑星は、全て同じ方向に公転しているが、[①] のみ自転の方向が異なる。また、[②] は自転軸がほぼ横倒しになって公転している。

①金星
②天王星

01 式の計算

1 展開と因数分解の公式は要暗記。
2 分母の有理化は、和と差の積を利用するタイプが頻出。
3 対称式の計算は、重要な2つの変形を押さえる。

1 展開公式（逆の操作が**因数分解**）

$$a(b+c)=ab+ac$$
$$(a\pm b)^2=a^2\pm 2ab+b^2$$
$$(a+b)(a-b)=a^2-b^2$$
$$(x+a)(x+b)=x^2+(a+b)x+ab$$
$$(ax+b)(cx+d)=acx^2+(ad+bc)x+bd$$

2 有理化とは、分母を有理数にすること。

$$\frac{1}{\sqrt{a}}=\frac{1}{\sqrt{a}}\times\frac{\sqrt{a}}{\sqrt{a}}=\frac{\sqrt{a}}{a}\ (a>0)$$

分母が和・差の形のものは、異符号のものを分母と分子にかける。

$$\frac{1}{\sqrt{a}+\sqrt{b}}=\frac{1}{\sqrt{a}+\sqrt{b}}\times\frac{\sqrt{a}-\sqrt{b}}{\sqrt{a}-\sqrt{b}}=\frac{\sqrt{a}-\sqrt{b}}{a-b}\quad (a>0, b>0)$$

$$\frac{1}{\sqrt{a}-\sqrt{b}}=\frac{1}{\sqrt{a}-\sqrt{b}}\times\frac{\sqrt{a}+\sqrt{b}}{\sqrt{a}+\sqrt{b}}=\frac{\sqrt{a}+\sqrt{b}}{a-b}\quad (a>0, b>0)$$

3 対称式：x^2+xy+y^2 のように x と y を入れ替えても元の式と同じになる式。特に $x+y$ と xy を基本対称式と言い、対称式は基本対称式で表せる。次の2式の変形を押さえよう。

$$x^2+y^2=(x+y)^2-2xy$$
$$x^3+y^3=(x+y)^3-3xy(x+y)$$ ※次項の解と係数の関係と組み
合わされた問題も多い。

次の問いに答えよ。

1 下図の三角形の$\sin\theta$、$\cos\theta$、$\tan\theta$の値を求めよ。

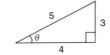

順に

$\dfrac{3}{5}$、$\dfrac{4}{5}$、$\dfrac{3}{4}$

2 下図の三角形の$\sin\theta$、$\cos\theta$、$\tan\theta$の値を求めよ。

順に

$\dfrac{\sqrt{5}}{5}$、$\dfrac{2\sqrt{5}}{5}$、$\dfrac{1}{2}$

3 次の表の空欄**ア**〜**セ**に三角比の値を入れよ。

	0°	30°	45°	60°	90°	120°	135°	150°	180°
$\sin\theta$	0	**ア**	**イ**	$\dfrac{\sqrt{3}}{2}$	**ウ**	$\dfrac{\sqrt{3}}{2}$	**エ**	$\dfrac{1}{2}$	**オ**
$\cos\theta$	**カ**	**キ**	$\dfrac{\sqrt{2}}{2}$	**ク**	0	**ケ**	$-\dfrac{\sqrt{2}}{2}$	**コ**	−1
$\tan\theta$	0	$\dfrac{\sqrt{3}}{3}$	**サ**	**シ**		$-\sqrt{3}$	**ス**	$-\dfrac{\sqrt{3}}{3}$	**セ**

ア $\dfrac{1}{2}$　**イ** $\dfrac{\sqrt{2}}{2}$　**ウ** 1

エ $\dfrac{\sqrt{2}}{2}$　**オ** 0　**カ** 1

キ $\dfrac{\sqrt{3}}{2}$　**ク** $\dfrac{1}{2}$　**ケ** $-\dfrac{1}{2}$

コ $-\dfrac{\sqrt{3}}{2}$　**サ** 1　**シ** $\sqrt{3}$

ス −1　**セ** 0

※90°＜θ＜180°で、$\cos\theta$は負の値。

4 $0°\leqq\theta\leqq180°$で$\sin\theta=\dfrac{3}{4}$のとき、$\cos\theta$の値を求めよ。

$\cos\theta=\pm\sqrt{1-(\dfrac{3}{4})^2}$
$=\pm\dfrac{\sqrt{7}}{4}$

$\sin^2\theta+\cos^2\theta=1$
を利用する。

5 $0°＜\theta＜90°$で$\sin\theta-\cos\theta=\dfrac{\sqrt{2}}{2}$のとき、$\sin\theta\cos\theta$の値を求めよ。

$\sin\theta\cos\theta=\dfrac{1}{4}$

$(\sin\theta-\cos\theta)^2$
$=(\dfrac{\sqrt{2}}{2})^2$
$1-2\sin\theta\cos\theta$
$=\dfrac{1}{2}$

6 △ABCにおいて、$B=30°,C=45°,b=2$のとき、cの長さと外接円の半径を求めよ。

$c=2\sqrt{2}$、$R=2$
正弦定理を用いる。

7 △ABCにおいて、$a=3$, $c=8$, $B=60°$のときbの長さを求めよ。

$b=7$
余弦定理を用いる。

編著者
公務員試験予備校EYE　こうむいんしけんよびこうあい

「受講生第一主義」を掲げる公務員試験特化型スクール。1994年から公務員試験受験者への指導を行い、都庁、県庁、特別区、国家一般職などで毎年多くの合格者を輩出する。アットホームで居心地の良い環境で楽しく勉強できるほか、一人ひとりに担任がつき、毎月個別指導を実施するなど、万全のサポート体制を整えている。

受講生第一主義
URL:http://globaleye.co.jp/koumuin/

EYE
公務員予備校

東京本校　〒101-0064　東京都千代田区神田猿楽町2-7-6　TK猿楽町ビル
　　　　　電話：03-5282-3171
池袋本校　〒171-0022　東京都豊島区南池袋2-32-13　タクトビル5階（受付）
　　　　　電話：03-5992-8535
渋谷本校　〒150-0002　東京都渋谷区渋谷2-10-15　JPLビル3階（受付）
　　　　　電話：03-5962-7056

イッキに攻略！
公務員試験　一般知識【一問一答】

編著者　公務員試験予備校EYE
発行者　高橋秀雄
発行所　株式会社 高橋書店
　　　　〒170-6014
　　　　東京都豊島区東池袋3-1-1 サンシャイン60 14階
　　　　電話　03-5957-7103

©TAKAHASHI SHOTEN　Printed in Japan

本書の内容についてのご質問は「書名、質問事項（ページ、内容）、お客様のご連絡先」を明記のうえ、郵送、FAX、ホームページお問い合わせフォームから小社へお送りください。
回答にはお時間をいただく場合がございます。また、電話によるお問い合わせ、本書の内容を超えたご質問にはお答えできませんので、ご了承ください。
本書に関する正誤等の情報は、小社ホームページもご参照ください。

【内容についての問い合わせ先】
　書　面　〒170-6014　東京都豊島区東池袋3-1-1
　　　　　　サンシャイン60 14階　高橋書店編集部
　ＦＡＸ　03-5957-7079
　メール　小社ホームページお問い合わせフォームから
　　　　　（https://www.takahashishoten.co.jp/）

【不良品についての問い合わせ先】
　ページの順序間違い・抜けなど物理的欠陥がございましたら、電話03-5957-7076へお問い合わせください。ただし、古書店等で購入・入手された商品の交換には一切応じられません。

次の問いに答えよ。

1 $(x+3)^2$を展開せよ。

x^2+6x+9

2 $(x-5)(x+3)$ を展開せよ。

$x^2-2x-15$

3 $(2x+1)(3x-4)$ を展開せよ。

$6x^2-5x-4$

4 $3x^2-9x$を因数分解せよ。

$3x(x-3)$

5 $x^2+10x+25$を因数分解せよ。

$(x+5)^2$

6 x^2-x-6を因数分解せよ。

$(x-3)(x+2)$

7 $6x^2+x-1$を因数分解せよ。

$(2x+1)(3x-1)$

8 $\dfrac{3}{\sqrt{2}}$ を有理化せよ。

$\dfrac{3\sqrt{2}}{2}$

9 $\dfrac{1}{\sqrt{5}+\sqrt{3}}$ を有理化せよ。

$\dfrac{\sqrt{5}-\sqrt{3}}{2}$

$\dfrac{1}{\sqrt{5}+\sqrt{3}}\times\dfrac{\sqrt{5}-\sqrt{3}}{\sqrt{5}-\sqrt{3}}$

10 $\dfrac{3}{\sqrt{6}-\sqrt{3}}$ を有理化せよ。

$\sqrt{6}+\sqrt{3}$

$\dfrac{3}{\sqrt{6}-\sqrt{3}}\times\dfrac{\sqrt{6}+\sqrt{3}}{\sqrt{6}+\sqrt{3}}$

11 $x+y=4$、$xy=5$のとき、x^2+y^2の値を求めよ。

6
対称式を利用する。
$4^2-2\times5=6$

12 $x+y=3$、$xy=-1$のとき、x^3+y^3の値を求めよ。

36
$3^3-3\times(-1)\times3$
$=36$

13 $x+y=-1$, $xy=2$のとき，$x^2-2xy+y^2$ の値を求めよ。

-7
$(x+y)^2-4xy$
$=(-1)^2-4\times2$

02 二次方程式と二次不等式

> 1 二次方程式の解き方は、因数分解や解の公式を利用する。
> 2 二次不等式の解は、公式の形に注意して当てはめる。
> 3 二次方程式の解の個数は判別式から求める。

1 二次方程式の解き方は、**因数分解**し、（　　）の中身が0となるxの値を考える。因数分解が不可のときは**解の公式**を利用する。

[因数分解の利用]

二次方程式$ax^2+bx+c=0(a\neq0)$が$(px-q)(rx-s)=0$

と因数分解されるとき、その2解は、$x=\dfrac{q}{p}, \dfrac{s}{r}$ である。

[解の公式の利用]

$ax^2+bx+c=0(a\neq0)$の解は、$x=\dfrac{-b\pm\sqrt{b^2-4ac}}{2a}$

2 二次不等式の解き方は、まずは＝0として二次方程式の解を求める。その後、下記の公式に当てはめて解を出す。（解は範囲となることが多い）

	D>0	D=0	D<0
$ax^2+bx+c=0(a\neq0)$	2解α、β	重解α	解なし
$ax^2+bx+c<0(a>0)$	$\alpha<x<\beta$	解なし	解なし
$ax^2+bx+c>0(a>0)$	$x<\alpha,\beta<x$	解なし	すべての数

※$a<0$のときは、両辺に-1をかけて$a>0$に変形して解く。
※D：判別式　$D=b^2-4ac$（解の公式 "$\sqrt{}$" の中身）

3 二次方程式の解の個数は判別式から求めることができる。
（1）$\sqrt{}$の中身が正$\Leftrightarrow D=b^2-4ac>0$【異なる2つの実数解】
（2）$\sqrt{}$の中身が0　$\Leftrightarrow D=b^2-4ac=0$【重解】
（3）$\sqrt{}$の中身が負$\Leftrightarrow D=b^2-4ac<0$【解なし】

次の問いに答えよ。

1 二次方程式$x^2+5x+6=0$を解け。

$x=-3, -2$

2 二次方程式$2x^2-5x-12=0$を解け。

$x=-\dfrac{3}{2}, 4$

3 二次方程式$x^2+3x-3=0$を解け。

$x=\dfrac{-3\pm\sqrt{21}}{2}$

4 二次不等式$x^2-8x+15>0$を解け。

$x<3, 5<x$
$(x-3)(x-5)>0$

5 二次不等式$-x^2+2x+48\geqq0$を解け。

$-6\leqq x\leqq8$
$(x-8)(x+6)\leqq0$

6 二次不等式$9x^2-12x+4<0$を解け。

解なし
$(3x-2)^2<0$
$x=\dfrac{2}{3}$

7 二次不等式$4x^2-20x+25\leqq0$を解け。

$x=\dfrac{5}{2}$
$(2x-5)^2\leqq0$

8 二次不等式$16x^2+24x+9>0$を解け。

$x\neq-\dfrac{3}{4}$
$(4x+3)^2>0$

9 二次方程式$x^2+6x+5=0$の解の個数を求めよ。

2個
$D=6^2-4\times1\times5$
$=16>0$
∴異なる2つの実数
解を持つ。

10 二次方程式$x^2-4x+4=0$の解の個数を求めよ。

1個
$D=(-4)^2-4\times1\times4=0$
∴重解を持つ。

11 二次方程式$x^2-4x+k=0$が異なる2つの実数解を持つとき、定数kの値の範囲を求めよ。

$k<4$
$D=(-4)^2-4\times1\times k$
$=16-4k>0$

12 二次方程式$x^2-2(k+1)x+k^2=0$が実数解を持たないとき、実数kの値の範囲を求めよ。

$k<-\dfrac{1}{2}$
$D=\{-2(k+1)\}^2-4\times1\times k$
$=8k+4<0$

★★★
03 関数とグラフ

> **1** 一次関数のグラフは**直線**となる。
> **2** 二次関数のグラフは**放物線**となる。
> **3** グラフの交点は**2式を連立方程式**として解く。

1 一次関数の式：$y = ax + b$

a（$a \neq 0$）が傾きの大きさ、bがy切片。

$a > 0$のとき、グラフは**右上がり**の直線。

$a < 0$のとき、グラフは**右下がり**の直線。

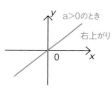

2 二次関数の式：$y = ax^2 + bx + c$（$a \neq 0$）

$y = ax^2 + bx + c$（$a \neq 0$）を$y = a(x-p)^2 + q$の形に変形することを平方完成という。グラフの頂点の座標は（p, q）、軸は$x = p$。

$a > 0$のとき、グラフは**下に凸**の放物線。

$a < 0$のとき、グラフは**上に凸**の放物線。

例 $y = 2x^2 + 12x - 3$を$y = a(x-p)^2 + q$の形に平方完成。

$$y = 2x^2 + 12x - 3$$
$$= 2(x^2 + 6x) - 3$$
$$= 2\{(x+3)^2 - 9\} - 3$$
$$= 2(x+3)^2 - 21$$

※この式から頂点(−3、21)、軸$x = -3$とわかる。

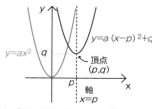

3 グラフの交点は、グラフの式を連立方程式として解けば良い。

例 直線$y = 2x + 1$と放物線$y = x^2 + x - 5$の交点の座標。

2式を連立すると、

$$x^2 + x - 5 = 2x + 1$$
$$(x+2)(x-3) = 0$$
$$x = -2,\ 3$$

この値をどちらかの式に代入し、（−2, −3）、（3, 7）

※x軸との交点は、$y = 0$として方程式を解けば良い。

次の問いに答えよ。

1 $y=-4x+3$の傾きとy切片の値を求めよ。

傾き−4、y切片3

2 $y=x-6$について、$x=4$のときのyの値を求めよ。

$y=-2$

3 傾き$\dfrac{1}{2}$で点$(2,-3)$を通る直線の式を求めよ。

$y=\dfrac{1}{2}x-4$
$y=\dfrac{1}{2}x+b$に、座標の値を代入

4 $y=x^2-3x+5$のグラフは、[　　　]に凸の放物線となる。

下

5 $y=-2x^2+4x-3$のグラフは、[　　　]に凸の放物線となる。

上

6 $y=x^2-3x+5$のグラフについて、x座標が-2のときのy座標の値を求めよ。

$y=15$

7 $y=x^2-6x+4$のグラフの頂点の座標を求めよ。

$(3,-5)$
$y=(x-3)^2-5$

8 $y=-2x^2+8x-1$のグラフの頂点の座標を求めよ。

$(2,7)$
$y=-2(x-2)^2+7$

9 直線$y=2x+1$と直線$y=-4x-5$の交点の座標を求めよ。

$(-1,-1)$
連立して、$x=-1$

10 直線$y=x+1$と放物線$y=2x^2+2x$の交点の座標を求めよ。

$(-1,0)$、$(\dfrac{1}{2},\dfrac{3}{2})$
連立して、
$x=-1,\dfrac{1}{2}$

11 放物線$y=x^2-3x-1$と放物線$y=-x^2+x-3$の交点の座標を求めよ。

$(1,-3)$
連立して、$x=1$
※x軸と1点で接している状態

04 三角比

> 1 鋭角の三角比は直角三角形、鈍角の三角比は円を利用する。
>
> 2 三角比の相互関係の3式を使いこなそう。
>
> 3 正弦定理、余弦定理は使い分けに注意しよう。

1 鋭角の三角比は、直角三角形2辺の比。角度 θ に対して、

正弦：$\sin\theta = \dfrac{\text{対辺}}{\text{斜辺}}$

余弦：$\cos\theta = \dfrac{\text{底辺}}{\text{斜辺}}$

正接：$\tan\theta = \dfrac{\text{対辺}}{\text{底辺}}$

鈍角の三角比は、円を用いて考える。円の半径を r、円周上の座標を $P(x, y)$ とすると、

$\sin\theta = \dfrac{y}{r}$

$\cos\theta = \dfrac{x}{r}$

$\tan\theta = \dfrac{y}{x}$

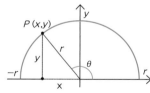

（$0° \leqq \theta \leqq 180°$ のとき、$-1 \leqq \sin\theta \leqq 1$、$-1 \leqq \cos\theta \leqq 1$）

2 $\sin\theta$、$\cos\theta$、$\tan\theta$ には相互に関係性がある。

$\tan\theta = \dfrac{\sin\theta}{\cos\theta}$ 　　$\sin^2\theta + \cos^2\theta = 1$

3 **正弦定理**：△ABCの外接円の半径を R とすると、

$\dfrac{a}{\sin A} = \dfrac{b}{\sin B} = \dfrac{c}{\sin C} = 2R$

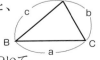

余弦定理：3辺の長さと1つの角の大きさについて、

$a^2 = b^2 + c^2 - 2bc \cos A$